【제2판】

가족상담 및 가족치료

Family Counseling & Family Therapy

기은광

KNOWLEDGE COMMUNITY 공동체

일러두기

- 번역된 문헌을 인용하거나 참고할 때, 원저(原著)의 연도(年度)를 사용하였다. 연도 뒤에 나오는 숫자는 번역서의 해당 페이지를 뜻한다. 번역 연도를 사용하지 않고 원저의 연도를 사용한 이유는 원저를 통해서 해당 책이 설명하는 이론이나 사례의 시기를 짐작하는 데 도움을 주기 위함이다.
- 가족상담이론을 소개할 때, '개요와 기본전제'에서 유의할 내용이 있다. 기본전제의 소제목으로 달린 내용은 그 가족상담이론에서 직접적으로 표현한 말일 수도 있지만, 필자의 생각일 수도 있다. 그 이론에 대해서 생각한 것을 독자들이 쉽게 이해하도록 조금 다르게 말하거나, 특정 상황을 끄집어 내어 소제목을 구성하였다. 각 가족상담이론의 진정한 힘과 고유의 표현을 알고 싶다면, 관련 가족상담 책이나 이 책에서 소개하고 있는 가족상담의 원저(原著, 원작)를 참고하길 바란다.

먼저 고백하자면 이 책의 본문은 참고서이자 안내서의 기능을 한다. 별책부록처럼 붙어 있는 워크북이 이 책의 진정한 본문이다. 이 책은 강의를 위한 것이 아니라 학습자의 학습을 돕는 용도로 만들어졌으며, 학습자는 본문과 워크북을 함께 공부하면서 학습효과를 극대화할 수 있다.

학습자는 가족상담과 가족치료 강의를 듣는 수강생이 아니라, 스스로 가족상담과 가족치료 역량을 확보하고 이를 실천해 가는 실천가이자 학생이다. 예를 들어, 이야기 가족상담을 공부한다면 이야기 가족상담의 대가가 집필한 책을 읽어보면서 워크북을 작성하거나 수업을 듣는다면 수박 겉핥기로 넘어갈 수 있는 학습에 보다 내실화를 기할 수가 있다.

이 책이 가진 또 하나의 목표는 이 책을 읽고 끝나는 것이 아니라 상담 현장에서 가족상담자로 활동하고 싶다는 마음을 갖게 하는 것이다. 이를 위하여 이 책에서 소개한 거장들의 저서들과 가족상담 연구자들의 연구물(책과 논문, 보고서 등)을 탐독할 동기를 부여하는 것이다. 주석이나 별도 코너를 통해서 각 상담이론 및 기법을 이해할 수 있는 도서를 소개하는 데 책의 분량 중 상당 부분을 할애하였다. 가능한 한 책이나 논문을 참고할 때, 참고한 페이지를 명시하려고 하였다. 관련된 내용이 궁금한 경우 바로 찾아보고 더 심화된 공부를 하도록 유도하고자 함이다. 이는 나 자신이 공부를 할 때 해당 내용이 너무나 흥미로워서 찾아보고자 했지만 책의 어느 부분인지 몰라 헤매다가 학구열이 사그라진 경험을 종종 했기 때문이다.

이 책은 가족상담 및 가족치료의 모든 이론을 소개하거나, 이 책 그 자체로 그 이론과 기법을 모두 소개하는 것이 목적이 아니다. 이 책에서는 가족상담 및 가족치료라는 여행을 떠나는 대학교 1학년, 2학년 학생들에게 가족상담 및 가족치료가 무엇인지를 처음 소개하고자 한다.

가족상담 및 가족치료는 결코 쉬운 과목이 아니다. 관련 학자와 개념이 방대하다. 각 학자의 책을 직접 읽어도 이해가 어려운데 이를 각 이론당 작게는 몇 페이지로 요약한 내용을 통해서 각 이론 및 그 이론이 담고 있는 가족치료의 정수를 제대로 느끼고 활용하는 것은 쉽지 않다.

독자들이 서점이나 공공도서관, 학술지를 통해서 관련 내용과 함께 이 책을 활용할 것을 추천한다. 이 책만으로 가족상담과 가족치료를 모두 이해하기가 어렵다. 관련 도서를 읽으면 이 책에서 이해가 가지 않던 내용이 자세히 풀어서 소개가 되어 있으며, 사례 등도 풍성하게 소개되어 있다. 원저자들의 고유한 생각과 사상, 현장의 경험을 제대로 만끽하기 위해서는 원저를 읽어볼 필요가 있다. 가족상담 및 가족치료의 각종 상담기법은 우리가 현실에서 닥치는 문제를 해결할 수 있는 실마리를 찾을 수 있을 것이다. 가족 내의 문제가 아니더라도 직장 내에서의 관계의 문제나 학교에서 학우들과 겪는 갈등의 문제 혹은 고객을 응대할 때 겪는 문제에 대한 풀이도 그다지 멀리 있지 않을 때가 많다. 가족상담 및 가족치료를 수강한 학생은 이전까지 모든 것을 자신의 문제로 생각했는데 자신과 타인, 환경을 정면으로 볼 수 있는 기회가 되어서 좋았다고 이야기한다. 이 책을 읽고 강의를 수강하는 모두가 문제에 대한 풀이에는 정답이 없고, 문제는 계속 있을 것이나, 이 과목을 수강하는 동안, 모두가 그보다 큰 용기와 지혜를 얻기를 기원한다.

이 책을 공부하는 상당수의 독자들은 건강가정사가 되기 위하여, 사회복지사가 되기 위하여 노력하고 있을 것이다. 독자들이 자격을 획득한 후에 가족센터에서, 사회복지관에서, 또 다른 사회복지시설에서 가족상담 업무를 할 때, 이 책의 내용이 조금이나마 도움이 되기를 바란다. 또한 독자들이 현재 한국사회 가족에서 나타나고 있는 부정적 측면을 긍정적 측면으로 탈바꿈할 수 있는 가족상담자가 되기를 기원한다.

내가 있도록 해준 가족들에게 고마움을 전한다.

아내, 딸, 아들, 양가 부모님, 누나, 형, 동생, 그외 가족 모두에게

2025년 2월

저자 기은광

차 례

CONTENTS

차 례

01 PART

가족상담에 대한 이해

CHAPTER 01

가족의 개념과 변화

학습목표

1. 가족의 개념을 이해하고 설명할 수 있다.
2. 현대 가족의 변화와 가족상담의 필요성을 설명할 수 있다.
3. 가족상담의 개념을 설명할 수 있다.

주요 용어

가족	다양한 가족
상담	가족상담
내담자	지목된 내담자

1. 가족이란 무엇인가

1) 전통적 가족 개념

여기서 살펴볼 내용은 '가족이란 무엇인가', 즉 가족의 개념이다. 머독(Murdock, 1949)은 가족을 "공동 주거, 경제적 협력, 재생산"의 특정되는 사회집단으로 개념화하면서, 핵가족은 부모와 자녀로 이루어지며 핵가족이 확대가족의 구성요소가 된다고 생각하였다. 이때 머독은 핵가족을 이야기하면서 "the family"라는 표현을 썼는데, 통상적으로 이를 전통적 가족 개념이라고 한다.

대한민국 민법 제779조 가족의 범위에서는 가족을 "배우자, 직계혈족 및 형제자매", 생계를 같이 하는 "직계혈족의 배우자, 배우자의 직계혈족 및 배우자의 형제자매"로 규정하고 있다. 또한 민법은 양자(養子)[1] 제도를 두어 아이를 낳지 않아도 가족이 되는 방법을 열어두었다. 이와 같은 민법 조항에 의하면 가족이 되는 방법은 혼인, 혈연, 입양으로, 민법은 기본적으로 전통적 가족 개념을 사용하고 있다.

전통적 가족 개념은 사람이면 누구나 때가 차면 결혼하고, 결혼하면 자녀를 낳는다는 생각을 전제로 하고 있다. 불임이라든지 하는 예외가 있을 수 있지만, 혼인과 출산은 가족에게 있어서 너무나 당연하며 보편적이라고 보는 것이다. 또한 전통적 가족만이 가족이라고 주장하는 입장에서는 통상의 가족에서 벗어나는 가족은 인정하지 않거나 전통적 가족화하려고 한다. 전통적 가족에서 비혼인 남녀에게는 혼인을 하여 가족구조를 이루도록 하고, 결혼한 남녀에게는 자녀를 갖도록 압력을 가한다. 전통적 가족 개념은 가족은 마땅히 남편과 아내, 자녀라는 구조를 가져야 한다고 생각한다.

2) 다양한 가족 개념

반면 현대적 개념의 가족을 다양한 가족이라고 부른다. 다양한 가족은 혼인, 혈연, 입양 등으로 생겨난 가족구조보다는 가족 간의 관계를 중시한다(초의수, 2008). 다양한 가족의 개념과 가장 근접한 법적 개념이 건강가정기본법에 의한 '가정'이다. 건강가정기본법 제3조(정의) 제2호에 의하면 가정은 "가족구성원이 생계 또는 주거를 함께하는 생활공동체로서 구성원의 일상적인 부양・양육・보호・교육 등이 이루어지는 생활단위"로 정의된다. 건강가정기본법상의 가정은 "특정한 가족 형태를 지칭하는 개념이 아니라"(조희금・박미석, 2004 : 4) 다양한 가족 개념을 반영한 것이다.

무자녀 가족은 자녀 재생산을 하지 않기 때문에 혼인으로 성립된 전통적 가

1) 국립국어원 표준국어대사전에 의하면, 양자의 첫 번째 뜻을 "아들이 없는 집에서 대를 잇기 위하여 동성동본 중에서 데려다 기르는 조카뻘 되는 남자아이"로 규정하고 있다. 한국에서 양자는 혈연 중심의 가족을 공고하게 만들던 제도 중 하나였다.

족이지만 기능적으로는 전통적 가족의 범주에서 벗어난다. 한부모가족도 부모 어느 한편이 없기 때문에 불완전한 가족으로 생각될 수 있다. 생활공동체나 공동가정 등은 혈연이나 입양, 혼인에 의해 성립되지 않기 때문에 전통적 가족에 포함되기 어렵다. 다양한 가족은 이처럼 전통적 가족이 포함하지 못하는 많은 형태의 가족을 포함하며, 가족을 단순한 구조로 보지 않고 정서적인 관계로 본다. 한국에서 사용하는 '식구(食口)'라는 표현은 생활공동체로서의 가족, 즉 다양한 가족을 표현하는 말이며, 건강가정기본법상의 가정 또한 다양한 가정을 표현하는 말이다(송혜림 외, 2005 : 184-186; 조희금 · 박미석, 2004 : 334-335). 다양한 가족은 식구, 가족, 가정, 집과 같이 다양하게 표현되며, 기존의 법률적 정의에 얽매이지 않고 실체적으로 가족의 기능을 하고 있는지, 그 구성원이 가족이라는 생각을 하는지 등을 더 중요하게 생각한다.

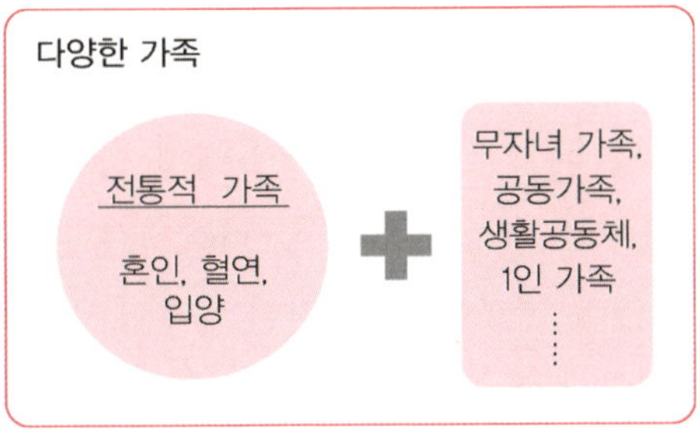

그림 1-1 전통적 가족과 다양한 가족

3) 가족의 개념을 알아야 하는 이유

가족상담자가 가족의 개념을 알아야 하는 이유를 살펴보자.

첫째, 가족상담의 범위를 구체적으로 알 수 있다. 가족상담은 개인상담이나 일반적 집단상담과 구분된다. 가족상담은 체계로서의 가족을 상담의 대상으로 삼고 있다. 가족은 문화에 따라 다양한 모습을 가지고 있다. 예를 들어, 한국의 1인가구의 경우에는 주거는 1인으로 하지만 원가족[2]과 긴밀한 관계를 맺고 있거

---

2) 원가족은 원래의 가족, 즉 출생을 해서 자라거나 입양을 통해 자란 가족을 의미한다. 원가족은 본인이 결혼을 해서 이룬 가족과 출생 및 성장 과정상의 가족을 구분하기 위한 말이다.

나, 원가족(아버지나 어머니 등)과 해결하지 못한 과제를 가지고 사는 경우가 많다. 이때 1인 가구원을 가족상담으로 볼 것인지 아닌지는 문화에 따라, 또한 내담자와 그 원가족의 동의에 따라 가족상담의 진행 여부가 결정될 것이다.

둘째, 가족상담자가 가족을 수용하고 이해하는 데 도움이 된다. 누구나 자신이 살아온 환경과 문화에 따라 서로 다른 생각을 가지고 있을 수 있다. '가족은 어떠하다'라는 생각은 어떤 가족상담자라도 가지고 있다. 그러나 가족상담자가 알고 있는 범위보다 훨씬 다양한 가족이 현실에서 가족으로 기능을 하며 존재한다. 가족상담자가 가족을 대할 때, 다양한 가족에 대한 이해, 인종 및 성별, 종교에 대한 이해가 도움이 된다.

셋째, 가족상담자는 가족이 가지고 있는 역사성과 문화성을 이해할 수 있고, 각 가족의 상황에 맞는 적절한 방법을 찾는 것이 필요하며, 다양한 가족을 이해하는 것이 도움이 될 수 있다. 다양한 가족은 그 형태가 다양한 만큼 상호작용 방식 등도 달라질 수밖에 없다. 예를 들어, 구조적 가족치료의 창시자인 미누친(Salvador Minuchin)은 도시 빈민가의 가족에게 기존의 방법을 적용하는 데 한계를 느껴 새로운 방식인 구조주의 가족치료를 개발하였다. 환경과 상호작용하면서 가족은 끊임 없이 변모한다. 이러한 상황에서 가족 개념은 개별 가족이 가지고 있는 독특성을 이해하는 데 도움이 된다.

2. 현대 가족의 변화와 가족상담의 필요성

1) 영원한 가족은 없다

초등학생에게 가족을 그려보라고 한다면 누가 그림에 포함되어 있을까? 아마도 부모 세대와 자녀 세대로 이루어진 가족을 그릴 가능성이 높다. 이러한 생각은 그리 오래된 것이 아니다. 몇십 년 전만 해도 사람들이 가장 먼저 떠올리는 것이 3세대 가족이었다. 1980년대 초반에는 '보통사람들'이라는 당대 최고 인기 드라마가 있었다. 드라마상의 가족은 3세대 가족으로 할아버지나 할머니, 아버지, 어머니, 자녀로 구성되어 있다. 지금도 주말에 반영되는 가족드라마에는 여전히 3세대가 모여 사는 가족이 심심치 않게 등장하지만 현실에서는 드물게 존재한다. 가족에 대한 생각은 끊임 없이 변한다. 영원한 가족은 없다. 우리나라의 가족은 근현대에서 급격하게 변화하였고, 가족이 영원하지 않음을 보여준다.

참고 우리나라 가구의 가구원수 변화

통계청의 e-나라지표에 의하면 1970년에는 6인 이상 가구 비중이 43.8%나 되었으며, 1980년에도 29.8%로 가장 높은 비중을 나타내고 있다. 현재는 1인가구가 31.7%로 가장 높으며, 다음이 2인가구로 28.0%이다.

출처 : 통계청 e-나라지표, https://www.index.go.kr/unify/idx-info.do?idxCd=4229

시대마다, 장소마다 가족이 무엇인지에 대한 생각은 매우 다르다. 가족구성원이 서로에게 기대하는 바도 시대와 장소에 따라 달라진다. 만약 우리가 1980년대에 가족상담자로서 이 책에서 소개하는 책들을 보았다면 핵가족 중심으로 이야기되는 가족상담을, 3세대가 동거하는 우리나라의 상황에 적용하기 위하여 고심하였을 수도 있다. 다음의 글을 살펴보자.

> 특히 옛날에는 (중략) 부부 사이는 단지 의리만 지키면 되었던 것이다.
>
> 그러나 근년에는 부부가 의리만을 지키는 사이가 되어서는 아니 된다. 부부는 가장 친한 친구요, 속마음을 털어놓을 수 있는 친구여야 한다.
>
> 출처 : 이광규(1996), p. 67.

위의 글은 1996년에 당시 가족사회학자가 가족 기능의 변화를 표현한 글로 부부관계가 과거와 달리 변화하였음을 보여준다. 이제 부부는 의리, 친분, 로맨스까지 갖추어야 하는 관계가 되었다. 물론 이러한 관계를 모두가 인정하는 것은 아니다. 아내가 남편을 혹은 남편이 아내를 안으려고 하자, "가족끼리 이러면 안 돼."라고 했다는 농담을 들어보았을 것이다. 가족의 변화를 일으킨 요인들은 매우 많다.

가족 개념에 대한 인식 외에도 한국 가족에는 수많은 변화가 있었다. 2018년에는 다문화가구원이 처음으로 100만 명을 넘어 총인구의 2%를 차지하였으며,[3] 총 주택 중 아파트의 비율은 2000년 47.8%에서 2020년 62.9%로 급격히 상승하였다(통계청, 2021).

가족과 관련하여 1인당 실질 국민총소득은 급격히 증가하였다. 지난 1983년 1인당 실질 국민총소득은 614만 원에 불과하였으나 2020년은 3,530만 원이다. 가구중위소득도 실질소득 기준으로 2011년 2,192만 원에서 2020년 2,844만 원으로 10년 사이 크게 증가하였다. 또한 상대적 빈곤율은 2011년 18.6%에서 2020년 15.3%로 낮아졌다(출처 : 통계청 e-나라지표, https://www.index.go.kr/). 한국에서 농업인구는 1980년 1,082만 명으로 전체의 28.9%였으나 2019년에는 225만 명으로 4.5%에 불과하게 되었다(통계청, 2020).

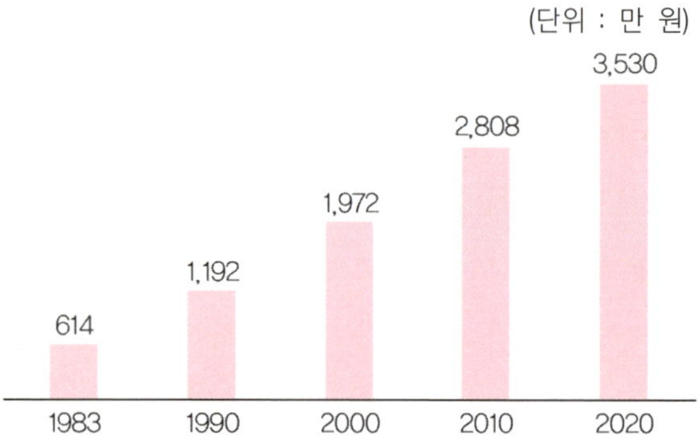

❙그림 1-2❙ 1인당 실질 국민총소득

한국 가족은 부정적인 변화 또한 겪고 있다. 우리나라의 10만 명당 자살률은 1983년에는 12.7명이었으나 2010년에는 41.4명으로, 2020년에는 35.5명으로 변화하였다. 2020년은 2010년에 비해 자살률이 개선되기는 하였으나 1983년에 비하면 여전히 엄청나게 높은 수치를 기록하고 있다. 2022 자살백서에 의하면(보건복지부 · 한국생명존중희망재단, 2022 : 122), OECD 국가 중 한국은 30대, 40대, 50대, 60대, 70대, 80세 이상에서 모두 1위를 기록하고 있고 20대는 근소한 차이로 4위를 기록하였다. 같은 자료에서 10~24세 청소년의 10만 명당 자살률은

3) 연합뉴스. 2019. 09. 12. [다문화가구원100만] ① 인구 2%는 '다문화'...이웃으로 자리잡다.

10.4명으로 아이슬란드, 뉴질랜드, 핀란드에 이어 4위를 기록하였다. 참고로 OECD 청소년 자살률의 평균은 6.4명이다.

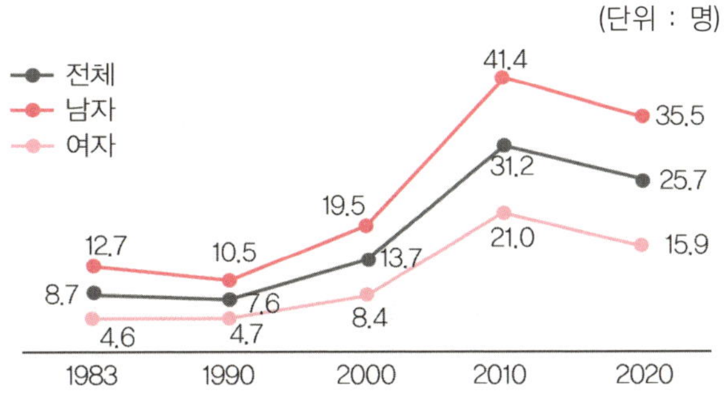

❙그림 1-3❙ 10만 명당 자살률

출처 : 통계청 e-나라지표.

이 외에도 가족이 겪고 있는 변화는 무수히 많다. 가족의 가사노동 분담 및 가사노동 시간의 변화, 가족을 둘러싼 지방자치제도의 변화와 정치체제의 변화 등 이루 헤아릴 수 없는 변화가 가족에게 영향을 끼치고 있고, 가족은 이러한 변화와 상호작용하면서 변화하고 있다.

2) 가족은 어디까지인가

반려동물을 키우는 어린이가 가족을 그림으로 그리는 숙제를 받았다고 하자. 어린이가 그린 그림에는 아이와 떨어져 사는 할아버지, 할머니보다 반려동물이 들어갈 가능성이 더 높다. 사람들에게 "반려동물은 가족인가?"라고 물어보면 몇 년 전에 비하여 그렇다는 비중이 훨씬 더 높아질 것이다. 그렇다면 반려동물은 가족인가? 반려동물은 가족구성원과 깊은 정서적 관계를 맺고 산다. 반려동물은 인간이 아니라는 점과 의사소통이 원활하지 않다는 점 등 몇 가지를 제외하면 정서적인 측면에서 친지보다는 가족에 가까울 수 있다.

가족상담사가 반려동물이 가족인가 아닌가 등 이와 유사한 문제에 대해 모든 답을 가지고 있을 필요는 없지만, 가족에 대한 진단을 내리기 위해서는 가족구성원이 가지고 있는 가족에 대한 생각을 알 필요가 있다. 가족상담의 범위 및 방식 등이 가족이 인식하고 있는 가족의 범위에 크게 영향을 받기 때문이다.

참고로 떨어져 사는 할아버지나 할머니는 교류가 없다고 하더라도 어린이에게 많은 영향을 끼치고 있을 가능성이 있다. 가족상담 중에서 원가족과의 관계 회복을 중요하게 여기는 상담은 정신역동 가족치료, 다세대 가족치료 등이다.

3) 가족은 이정표를 상실하였다

앞서 살펴본 현대사회의 변화 속에서 가족은 이전에 통용되던 규칙들을 잃어버렸다. 종전에 통용되던 규칙은 농사를 지으면서 대규모 가족이 모여 살고 대대로 직업을 이어가던 시절에 만들어진 것이었다. 현대의 도시생활에서는 가족이 도움을 받을 수 있는 일가친척 또는 친지들이 많지 않다. 부모가 가지고 있던 상식은 더 이상 통용되지 않고 있다. 일례로 과거 10년 전에는 개인방송으로 먹고살 수 있을 것으로 생각하던 사람이 많지 않았지만, 현재는 개인방송을 하는 유튜버가 청소년들이 선망하는 직업으로 떠오르고 있다.[4)]

가족은 이러한 현실이 혼란스러울 수밖에 없다. 누가 제대로 된 길을 알려주면 좋으련만 누구도 그 길을 알지 못한다. 길은 알지 못하지만 가족이 짊어지고 있는 부담은 꽤나 크다. 핵가족화된 가족에게는 많은 짐은 벅차다. 부모-자녀 관계, 부부관계에서 과거보다 가족구성원이 해야 하는 역할이 오히려 많아진 측면이 있다.[5)]

누구라도 이정표를 잃어버린 가족에게 새로운 이정표를 대신 줄 수는 없다. 새로운 이정표는 각각의 가정이 스스로 찾아야 한다. 가족상담은 과거의 이정

4) 중앙일보. 2022. 01. 18. 초등학교 희망 직업 3위 교사, 4위 유튜버 … 1・2위는? https://www.joongang.co.kr/article/25041525

5) 과거에는 부모가 자녀를 놓아두고 시장에 다녀오는 일이 잦았다. 1970년대, 1980년대에 유아기와 아동기를 보낸 사람 중 상당수는 "집 잘 보고 있어."라는 말을 들어보았을 것이다. 당시에는 부모가 옆 집에 맡기거나 손위 형제에게 아이를 맡기고 볼일을 보는 일이 흔히 있었다. 요즘 같으면 아동을 방치하는 것으로 판단되어 아동방임이라는 아동학대에 해당할 수도 있는 행동이다.

표로 단순히 회귀하는 것이 아니다. 가족상담은 이정표를 잃어버린 가족이 스스로 자기 목표를 세우고 실천하도록 하는 성찰 과정이자 미래를 그려보는 창작의 과정이다. 가족상담을 통해서 가족은 현 시점에서 가족의 목적과 목표를 포함하여 새로운 비전을 갖게 된다.

4) 가족은 아프다? 아프지 않다?

현대 한국 가족이 물질적으로는 이전보다 풍요로워졌지만 10만 명당 자살률이 과거에 비해 높아지는 등 정신적으로는 많은 문제를 가지고 있다. 가족관계 만족도나 삶의 만족도가 높아지는 것이 가족이 모든 측면에서 건강하다는 증거는 아니다. 반대로 과거보다 이혼이 증가했다고 해서 가족이 특히 더 아프다는 증거는 아니다. 가족 내에 있던 갈등을 과거에는 표출할 방법이 없었으나 최근에는 표출할 방법이 많아져서 아픈 가족을 그대로 유지하지 않는 것일 수도 있다. 가족이 아픈 것은 일종의 암수(暗數),[6] 즉 숨어 있는 숫자이다. 가족의 아픔을 쉽게 노출하지 못하는 점을 감안할 때, 우리가 생각하는 것보다 가족이 더 많이 아파할 수도 있다. 2019년 가정폭력실태조사 연구(김정혜 외, 2019 : 123)에 의하면, 배우자에 의한 폭력 피해 경험은 전체의 27.5%나 되며, 신체적 폭력 및 성적 폭력을 당한 경우도 3.7%나 되었다. 여성으로만 국한하면 5.9%가 피해를 경험했다. 경찰에 신고를 요청한 경우는 2.3%에 불과하며, 여성긴급전화 0.4%, 가정폭력 상담소 및 보호시설/ 쉼터 등에 도움을 요청한 경우가 0.4%로 피해에 비해 신고 건수는 미미하다.

과거에 비해서 가족이 '더 아프다' 혹은 '덜 아프다'라고 판단을 내리는 것은 어렵지만, 상당수의 가족이 아프다는 것은 통계치를 들지 않더라도 쉽게 알 수 있다. 꽤 많은 청소년 자녀를 둔 부모가 자녀와 대화 단절을 경험하고 있다.

---

6) 암수란 겉으로 드러나지 않는 숫자를 말한다. 참고로 예를 들어, 신고 등으로 드러나지 않는 범죄를 암수범죄, 즉 겉으로 숫자가 제대로 드러나지 않는 범죄라고 한다. 성범죄나 가족폭력 등이 대표적인 암수범죄로 사회관념이나 사회환경의 문제 등으로 이들 범죄는 사건화가 차단되어 실제 발생하는 범죄보다 접수된 범죄가 적은 범죄를 말한다고 알려져 있다.

지금도 지역에 있는 가족센터[7]에서는 가족상담, 부부상담을 신청하는 글이 계속 올라오고 있다.

참고 코로나19 이후 가정폭력이 줄었는가?

코로나19 이전인 2019년과 2020년 사이에 가정폭력이 줄었다는 경찰청의 신고 접수 현황이 논쟁거리가 되고 있다. 조태구(2022 : 712)는 코로나19로 인한 가정폭력 감소는 실제를 반영하지 못할 가능성을 제기하고 있다. 해당 논문에서는 경찰에 신고되거나 기관에 접수되는 상담이 실제에 비해서 너무 낮은 것이 통계적 허상을 만들었을 가능성을 제기하고 있다. 또 한편으로는 가족 내의 "거리좁힘"이 실제 가정폭력을 감소시키는 요인이 되었을 가능성도 제기하고 있다.

5) 누구나 도움이 필요하다

"당신의 가족은 건강하십니까?" 이런 질문을 받았다고 하자. 어떻게 대답할 것인가? 조금 다르게 "당신의 가족은 건강하지 않습니까?" 이런 질문을 받았다고 하자. 어떻게 대답할 것인가?

이 두 질문이 동시에 같은 공간에서 이루어지지 않는다면, 어떤 사람들은 이 두 질문 모두에 '그렇다'라고 대답할 수도 있다. 비일관되게 보이지 않는 이러한 답변은 건강이라는 것에는 다양한 측면이 있음을 보여준다. 가족은 어떤 측면에서는 건강하지만 다른 측면에서는 건강하지 않을 수 있는 것이다.

건강한 가족의 반대말은 무엇인가? 우리는 흔히 병든 가족을 떠올리지만, 건강가정이나 가족상담에서 건강한 가족의 반대말이 병든 가족이라는 개념은 성립하기 어렵다. 즉, 건강한 가족의 반대말은 병든 가족이 아니다. 건강과 병을 나누는 이분법적인 사고를 통해서 가족을 설명하는 것은 불가능하다. 가족은 건강한 가족과 병든 가족으로 이분화되는 것이 아니다. 가족의 건강은 '매우 건강하지 않음'부터 '매우 건강함'까지 연속된 선분 혹은 공간 내의 어떤 점을

7) 건강가정・다문화가족지원센터의 명칭이 2021년 10월 13일부터 가족센터로 변경이 되었다. 현장에서는 이를 혼용하여 쓰기도 하기 때문에 가족상담사들은 이 두 명칭을 모두 알고 있어야 한다. (참고 : 여성가족부 보도자료, 2021. 10. 12. "건강가정・다문화가족지원센터", 이제"가족센터"로 불러주세요.)

의미한다. 가정의 건강성은 연속적이고 다차원적이다(조희금 외, 2013 : 37). 이분법은 모든 대상을 둘로 나눈다. 이분법에 의하면 건강하지 않으면 병든 것이고, 병들지 않았다면 건강한 것이다. 그러나 세상은 이렇게 간단하지 않다. 세상은 디지털이 아니라 아날로그로 구성된 것이다.

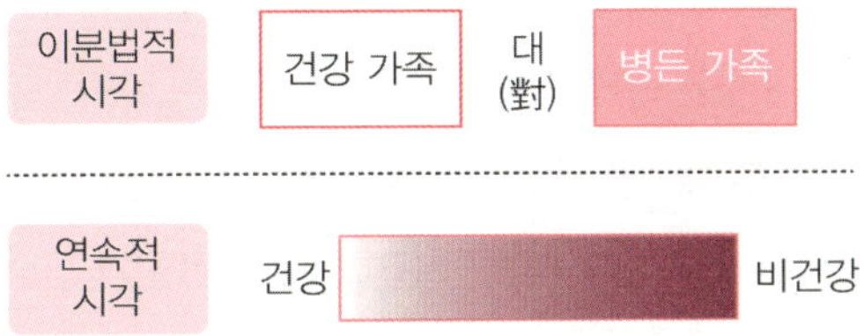

그림 1-4 가족건강성에 대한 시각

6) 좋은 사람들이 모여도 문제 있는 가족을 만들 수 있다

좋은 음식을 만들 때, 기본으로 필요한 것이 좋은 재료이다. 문제는 좋은 재료만으로 좋은 음식을 만들 수 있는 것은 아니라는 점이다. 마찬가지로 좋은 사람들이 가족으로 모인다고 하더라도 언제나 좋은 가족을 만들 수 있는 것은 아니다. 세상에 둘도 없는 호인(好人 : 좋은 사람)이라도 가족 내에서는 문제를 크게 일으킬 수 있다. 가족상담을 처음 접하는 사람 중 상당수는 이런 이야기를 들을 때 놀라움을 표현하곤 한다.

이해를 돕기 위해서 개와 고양이의 꼬리 사용법을 살펴보자. 개와 고양이가 꼬리를 흔들 때, 개는 반가움을 표현하고 있지만, 고양이는 거리를 두라고 말하고 있다(매일신문, 2021).[8] 가족구성원 간에는 표현방식이 서로 다를 때, 개와 고양이처럼 문제를 일으킬 수 있다. 가족구성원은 서로 닮았다고 가정하지만, 외모는 물론이고 성격이나 기질, 습관이 서로 전혀 다른 경우가 많다. 요즘 유행하는 MBTI 성격유형을 가족들이 해보면, 아버지와 아들, 어머니와 딸이 같지 않은 경우도 꽤 있다. 가족은 나의 분신이 아니라 엄연히 다른 인격체인 것이다.

8) 매일신문. 2021. 5. 17. [박순석의 동물병원 24시] 고양이, 꼬리 흔들면? 다가가지 마세요! http://news.imaeil.com/page/view/2021051718424230026

그러나 이것이 가족구성원이 가족과 아무런 관계 없이 존재한다는 의미는 아니다. 사람은 진공상태에서 생기는 것이 아니다. 사람은 원가족(原家族)으로부터 영향을 받는다. 쉽게 말해 결혼 전에 속했던 가족의 어머니, 아버지, 형제로부터 영향을 받고 있다. 심지어 연락을 끊고 사는 원가족(아버지, 어머니)으로부터의 영향력이 지금 현재까지 계속되기도 한다.

좋은 사람은 누구에게는 좋은 사람이지만, 다른 사람 혹은 자기 자신에게는 좋은 사람이 아닐 수 있다. 좋다는 것은 상대적인 개념이며 가치가 개입된 개념이고 특수한 개념이다. 우리는 좋은 사람이 되라고 배움과 동시에 좋은 사람은 상황에 따라, 환경에 따라, 상대하는 사람에 따라 서로 다르다는 점도 배워야 한다.

가족상담이 필요한 이유는 가족은 단순히 가족구성원의 합이 아니라는 점이다. 두 사람이 모이면, 몸무게는 두 사람의 무게를 더한 것이겠지만, 두 사람 사이에서 만들어 내는 다양한 상호작용은 플러스도 마이너스도 만들 수 있다. 좋은 사람들끼리만 모여서 가족을 만들어도 문제가 있는 가족은 얼마든지 만들어 낼 수 있다.

7) '내가 문제야', '네가 문제야'는 잘못된 말일 수 있다

우리는 문제에는 원인이 있다고 믿는다. 그 원인은 과학적으로 증명될 수 있는 원인도 있고, 신앙 등 과학적으로 설명할 수 없는 원인도 있다. 아무튼 원인이 있다고 생각하는 점이 중요하다. 원인을 알고 그 원인을 해결해야만 문제가 해결된다고 믿는다. 그러나 원인을 알아도 해결하지 못하는 질병은 꽤 있다. 대표적 예가 바이러스로 인한 감기이다. 감기 치료제 대부분은 감기 바이러스를 죽이지 못한다. 감기 치료제가 하는 일은 감기가 주는 일상생활의 불편함인 콧물, 코막힘, 재채기, 고열 등을 잡아주는 역할이다.

가족 내에서 누가 문제인지를 구분하는 것은 쉽지 않으며, 가족 내 많은 문제는 서로 주고받으면서 생기는 경우가 많다. 가족상담자는 문제의 원인을 일방향적으로 보지 않는다. 다시 말해 가족구성원 한 명이 다른 구성원들에게 일방적으로 문제를 일으키는 것이 아니다. 가족상담자는 한 가족구성원의 문제는 가족 전체가 가지고 있는 문제가 그 가족구성원에게 나타난 것으로 보곤 한다.

> 니콜스가 쓴 『가족치료 현장으로의 초대』의 초반에는 가족이 가지고 있는 문제를 파악할 때 가족구성원에게 다른 가족에게 미치는 영향력을 묻곤 한다. "부모님께서 힘든 시간을 보내고 계시는 걸로 들립니다."라고 말하고는 "이 일이 다른 가족에게는 어떤 영향을 미치고 있습니까?"라고 내가 물었다. 가족구성원은 서로 독립해서 있는 것이 아니라 서로 영향을 주고받는 존재이기 때문이다. 니콜스는 이를 확인하기 위해서 가족 스스로의 감정이나 어려움과 함께 그러한 문제가 다른 가족에게 어떠한 영향을 가져오고 있는지를 파악하려고 하였다.
>
> 이 질문은 문제의 정의를 확대시키려는 의도로 내가 놓은 초반의 첫수였다. 이러한 질문은 가족의 문제가 어느 한 사람의 문제가 아닌 다양한 관계성을 지니고 있음을 인식시키는 성찰의 과정으로 볼 수 있다. 가족상담은 가족에게 자신만을 바라보는 고립된 관점이 아닌 서로를 돌아볼 수 있게 하는 폭넓은 시야를 갖도록 하는 성찰의 과정이다.
>
> 출처 : Michael P. Nichols(1999/2006), p. 2.

왜 위의 사례에서 니콜스는 다른 가족에 대해서 물어 보았을까? 비행청소년화 되고 자녀 문제로 전화를 했는데 왜 다른 가족을 끌어들이고자 했는가? 왜 불안으로 어려움을 겪고 있는 가족구성원의 문제를 다른 가족과 연계해서 파악하려고 하는가?

가족상담은 원인과 결과를 한 사람만이 아닌 가족 전체가 가지고 있다는 기본 가정에서 출발한다. 이러한 가정에서는 단지 한 사람만의 변화로는 충분한 효과를 지속시키기가 어렵다. 가족구성원 전체가 원인이자 결과인 경우가 많기 때문이다.[9] 가족상담은 승자와 패자를 반드시 구분해야 하는 법정이 아니라 문제를 해결하는 곳이어야 한다. 가족상담자는 상담자이지 판사가 아니다.

9) 이 부분에 관해서는 가족체계이론 및 사이버네틱스를 참고하자.

가족상담이 발견한 상식은 가족구성원 한 명만이 아닌 가족체계가 변화하여야 가족이 겪고 있는 문제가 제대로 해결된다는 것이다.

8) 인간은 누구나 발달한다, 가족도 발달한다

가족상담이 필요한 이유 중 하나가 인간이 지속적으로 발달한다는 점이다. 가족구성원은 끊임없이 발달하면서 발달에 맞는 과업을 수행한다. 영유아기에는 영유아의 발달과업이 있고 아동에게는 아동의 발달과업이 존재한다. 청소년 자녀를 둔 부모는 대화를 단절한 자녀로 인해 당황하는 경우가 많이 있다. 이러한 대화 단절은 청소년의 발달과업에 대해서 가족이 잘못 대처하고 있기 때문일 수 있다.

최근 한국은 초혼(처음 혼인하는 것) 나이가 30대로 늦어지고 있다. 과거 20대에 결혼해서 자녀를 갖는 시나리오가 더 이상 작동을 하지 않는다. 문제는 과거 산업사회의 핵가족을 중심으로 짜 놓은 계획이 더 이상 유용하지 않다는 점이다. 20대 초반에 결혼하고 40대 중반에 아이들이 분가하고 60대에 죽음을 준비하는 공식이 더 이상 유효하지 않다. 여기에 가족 또한 과거 예상했던 방향대로 흘러가지 않는다. 30대 이후의 출산이 늘어나고 있다. 환갑이 넘어서도 30대 독신 자녀를 건사해야 하는 때도 있고, 결혼한 자녀와도 끊임없이 관계를 맺고 있다. 한국에서 수명이 이렇게 길어진 것은 수천 년 역사 중 처음이다. 한국 가족은 이전에 알 수 없었던 변화를 겪고 있다.

인간발달을 시간에 따라 대략 구분해 놓은 것이 생애주기이고, 가족발달을 구분해 놓은 것이 가족생애주기라고 한다. 가족생애주기는 현대사회에서는 하나의 정형화된 모습으로 나타나지 않는다. 한국 가족이 겪고 있는 변화는 역사상 없는 변화일 수 있다. 과거에 비해서 가족은 가족발달 과정이 달라질 수밖에 없는 상황에 놓여 있다. 가족이 현대에서 겪는 상황 혹은 맥락의 변화는 가족에게는 숙명과 같은 것이지만, 가족이 이를 유연하고 적절하게 받아들이기는 쉽지 않다. 더구나 부모는 부모대로, 자녀는 자녀대로 현대의 변모된 수명과 환경

속에서 인간발달의 과정과 가족발달의 과정을 겪는다.

예를 들어, 자녀가 태어났을 때, 부모는 천사를 보는 것처럼 혹은 천재를 보는 것처럼 대한다. '천재'였던 자녀는 세월이 지나자 어느덧 '웬수[원수(怨讐)]'로 변한다. 그런데 그 웬수는 천재였던 시절보다 할 수 있는 것도 많고, 자신의 생각도 가지고 있다. 자녀가 웬수가 되는 것은 자녀의 성장이나 발달이 부모의 성에 차지 않거나 부모의 기대와 다르기 때문이다. 가족상담은 인간의 발달과 가족의 발달을 모두 살펴볼 필요가 있다. 왜냐하면 가족의 문제가 자녀나 부모 중 어느 한 명 혹은 자녀 중 어느 한 명이 일으킨 문제라고 보지 않기 때문이다. 가족상담은 가족 전체가 만들어가는 상호작용, 의미, 규칙 등이 가족에게 문제를 일으킨다고 본다. 가족 전체가 만드는 상호작용 등을 해결한다면 심층적인 개인별 심리상담 없이도 문제가 해결될 수 있다고 보는 것이다.

3. 가족상담의 개념

1) 상담은 왜 필요할까

相談 상담을 한자로 쓰면 相談이다. 서로 상(相), 이야기할 담(談)의 두 글자 조합이다. Counsel을 상담으로 번역한 것은 매우 적절하다고 할 수 있지만, 상담을 모두 포괄하는 것은 아니다. 가족상담을 보면 더욱 그렇다. 상담은 말로만 하는 것이 아니라 사티어(Satir) 가족상담처럼 몸을 적극적으로 활용하기도 하며, 사티어 가족상담이 아니더라도 언어적 표현뿐만 아니라 비언어적 의사소통 수단을 활용하여 상담을 하게 된다.

자문은 전문적인 지식이나 의견을 전달해 주는 활동으로 통상적으로는 상담보다 지도에 가까운 활동이다. 또한 자문은 일방적으로 진행되는 경우가 많다. 이에 반해 상담은 상호적이다. 상담자가 일방적으로 무언가를 지시하거나 하지 않고 문제가 무엇인지, 해결책이 무엇인지 머리를 맞대고 찾는다. 상담자가 어떤 것을 하라고 꼭 집어주지 않아도 상담은 잘 진행되는 경우가 많다.

김헌수와 김태호(2006)는 국내외 다양한 상담의 개념을 비교한 후, 상담은 인간관계, 언어를 매개로 한 역동적 상호관계, 전문적 조력, 내담자의 자기성장이라는 네 가지 특징을 가지고 있다고 요약하고 있다. 상담의 목적은 인간의 성장이 목적이다. 상담은 상담자의 인간적 성장이 직접적인 목적이 아니라 내담자의 성장이 직접적인 목적이다.

상담이 일반적 서비스와도 다른 점은 일반적 서비스는 누군가 대신 활동을 해주는 경우가 많지만, 상담은 상담자가 직접 하는 것이 아니라 고객으로 온 사람이 직접 활동을 한다. 예를 들어, 우리집 보일러가 고장이 났다고 하자. 내가 직접 고칠 수도 있지만, 보일러 고치는 기술자에게 맡길 수도 있다.

그러나 상담은 이것이 불가능하다. 왜냐하면 상담을 하러 온 '고객'이 하고 싶어 하는 것은 누가 대신해서 무언가를 해주는 것이 아니라 자신이 직접 무언가를 하고 싶은 것이기 때문이다. 자녀를 누가 대신에 돌보도록 하는 것이 아니라 자녀를 내가 돌보는 데 생기는 문제를 해결하고 싶은 것이다. 내가 부모 역할을 잘하기 위해서 하는 것이 상담이지, 대리 아버지나 대리 어머니를 채용하기 위한 것이 상담이 아니다. 누군가 연애를 하다가 힘들다고 해서 상담을 받는다고 할 때, 대리 남자친구나 대리 여자친구를 원하는 것이 아니라 나 자신이 남자친구 혹은 여자친구 역할을 잘하기 위해서 상담을 하는 것이다.

인생에서는 누가 대신해서 해주지 못하는, 누가 누구를 대신해서 할 수 없는 일이 많이 있다. 가족관계에서 일어나는 일 중 상당수가 그런 일이다. 상담자는 '고객'을 대신하여 업무를 보기 위해서 있는 것이 아니라 '고객'이 직접 업무를 할 수 있도록 고객 스스로가 힘을 기르고 역량을 갖추고 자원을 모을 수 있도록 해주는 것이다.

아무리 돈이 많아도 상담이 필요한 이유는 간단하다. 누군가 대신할 수 없는 소중한 일들이 있기 때문이다. 가족과 관련된 여러 가지 일들이 특히 여기에 속한다.

2) 내담자와 지명된 내담자 혹은 스타

상담을 하러 온 고객은 영어로는 클라이언트(client)라고 하며, 내담자(來談者)라고 부른다. 내담자는 한자의 뜻으로 보면 이야기하러 온 사람이다. 상담은 언어적 의사소통을 통해 주로 이루어지기 때문에 내담자라는 용어는 일대일로 직역이 아니라 의역한 것으로 상담을 잘 표현하는 적절한 번역이라 할 수 있다. 클라이언트를 고객으로 번역했다면 굉장히 어색했을 것이며, 그렇다고 의뢰자라고 번역했다면 상담 현장에서 일어나는 일들을 다 포함하지 못하며, 위에서 말한 스스로 문제를 해결할 수 있는 역량 강화를 충분히 담지 못했을 것이다.

가족상담에서는 특별히 지명된 내담자 혹은 지목된 내담자라는 표현을 사용하기도 한다. 지목된 내담자는 Identified Patient의 번역으로 "IP"로 줄여 부르기도 한다. 지명된 내담자는 단순 직역하면 '정체가 밝혀진 환자'라는 뜻이다. 이러한 표현을 쓴 이유는 가족 중에 정체가 밝혀지지 않은 환자들이 있을 가능성이 높기 때문이다. 가족체계의 특성상 문제가 있다고 지목된 자녀 혹은 부모뿐만 아니라 그 외 다른 구성원인 아버지, 어머니, 자녀도 가족이 역기능을 하는 데 한몫을 하였을 가능성이 높다. 즉, 지명된 내담자보다 다른 사람에게 상담이 더욱 필요한 경우도 많다. 지명된 내담자 혹은 IP라는 표현은 문제가 단순히 문제가 발현된 사람 혹은 지목된 사람에게만 있지 않고 가족체계 자체가 문제라는 가족상담이 가지고 있는 가족체계의 독특성을 보여주는 용어이다 (Goldenberg & Goldenberg, 2000 : 15).

참고로 사티어(Virginia Satir)는 IP를 스타(star)로 바꾸어 부르었는데, 이는 환자(Patient)가 줄 수 있는 부정적인 인식을 최소화하려 하기 위함이었다. 사티어는 환자라는 표현보다는 스타라는 표현이 부정적 인식을 최소화하고 가족 간의 긍정적 상호작용을 자극할 수 있다고 판단한 것이다.

3) 가족상담과 개인상담의 차이

변화의 수준에서 가족상담의 경우에는 가족 전체의 변화를 지향하지만, 개인치료는 개인의 변화를 지향한다는 점에서 목표에 차이가 있다(Nicols & Schwartz, 2007 : 10).

우선 가족상담은 개인상담보다 내담자의 수가 많다. 개인상담은 주로 일대일 관계 속에서 진행하지만, 가족상담은 일대일로도 진행되지만 다대일로 진행되는 등 내담자의 숫자가 많고 상담자도 혼자가 아닌 팀으로 진행하는 경우도 종종 있다. 가족상담은 일대일, 다대일, 다대다의 여러 형태가 가능하다.

가족상담에서 내담자가 한 명 이상이 되는 경우를 살펴보자. 예를 들어, 비행 문제를 가진 영희가 있다고 하자. 영희 가족은 영희뿐만 아니라 가족 모두가 문제가 있다고 생각하여 개별적으로 상담을 신청하고 가족 개개인이 "개별적"으로 상담을 받고 있으며 상담자들은 서로 상담의 과정이나 결과를 공유하지 않는다. 그럼 가족이 모두 상담을 받으니 영희 가족은 가족상담을 받는다고 할 수 있을까? 일반적으로는 아니라고 할 수 있다. 부분의 합은 전체가 아니기 때문이다. 영희 가족이 3명이라고 할 때 1 + 1 + 1 = 3이라는 공식이 가족체계에서는 성립하지 않는다. 영화관에 간다면 1 + 1 + 1 해서 3명분을 내는 것이 맞지만 그것으로 설명할 수 없는 가족 내의 역동성이 있다. 그 역동성은 의사소통의 체계 내지 가족규칙 등으로 나타난다. 가족체계에서 벌어지는 상호작용을 개인상담에서 알아내고 이를 고치는 것은 쉽지 않다. 이 때문에 가족상담이 생겨나게 된 것이다.

개인상담에서 내담자는 "개인"으로 이루어지지만, 가족상담에서는 "가족" 그 자체가 내담자가 된다. 가족이 구성하는 체계 자체가 하나의 내담자로 취급을 받는 것이다. 이때 가족은 현재의 가족뿐만 아니라 그 이전의 가족, 즉 원가족(原家族)까지 포함되기도 한다. 원가족은 결혼이나 동거 전의 가족을 말한다. 예를 들어, 분가해서 살고 있는 가족의 아버지인 철수에게 원가족은 철수의 아버지와 어머니, 철수의 형제자매 등이다.

CHAPTER 02

가족상담의 발달

학습목표

1. 가족상담의 발달을 설명할 수 있다.
2. 한국에서의 가족상담의 발달을 설명할 수 있다.

주요 용어

가족상담	소집단연구
아동지도운동	가족생활교육
부부상담	

1. 가족상담의 발달

가족상담의 본격적인 시작을 1950년대라고 할 때 가족상담은 아직 70년 정도밖에 되지 않은 따끈따끈한 학문 분야지만, '가족상담'이라고 하면 대부분의 사람들이 알아들을 수 있을 정도로 많이 보급이 되었다. 그러나 가족상담이 단순히 개인상담의 연장이라고 생각하는 사람들이 많이 있다. 가족상담이 갖는 고유한 특징을 살펴기로 하자.

1) 프로이트가 가족상담의 시작이 아닌가요?

"상담 하면 프로이트로부터 시작하는 것이 아닌가요? 『인간행동과 사회환경』

에서도 프로이트부터 배우던데요?"

만약 위와 같은 질문을 받았다면 어떻게 대답을 하여야 할까? 답은 그렇게 생각할 수도 있지만 '그렇게 보기는 어렵다'로 매우 알쏭달쏭하다. 이러한 알쏭달쏭함을 해결해 보도록 하자.

우선 가족상담의 시작을 프로이트라고 생각할 수 있는 근거를 찾아보자.

통상 심리상담 관련 교과서에서 상담이론을 소개할 때 정신분석적 치료부터 시작을 한다. 가족상담의 많은 책들 또한 정신역동 가족상담을 소개하는데, 정신역동 가족상담은 프로이트의 영향을 깊게 받은 가족상담이론이다. 왜 정신분석부터 시작하는가? 그것이 본류이자 근본이기 때문에 그런 것이 아닌가?

사실 초기 가족상담을 개발하였던 대가들은 대부분 정신분석을 공부하였고 정신분석의 영향력 아래 놓여 있다. 또한 프로이트(Sigmund Freud)가 꼬마 한스를 아버지와 함께 치료한 것을 보면 프로이트를 가족상담의 시작으로 보는 것도 맞지 않을까?

위와 같은 수많은 의문에도 불구하고 그렇지 않다고 말할 수 있는 것은 프로이트의 상담은 기본적으로 개인을 상담의 단위로 하는 개인상담이었기 때문이다. 프로이트는 가족을 체계로 파악하지도 않았고, 가족체계의 역동적인 과정이 주요 관심 대상이 아니었다. 프로이트가 일반 상담의 틀을 통해 가족상담의 기반을 마련한 것은 맞지만, 그 기반에 가족상담이라는 집을 지은 것은 1950년대 미국의 가족상담 선구자들이었다.

2) 가족상담의 출발 : 현장에서 '가족'의 필요성이 등장

가족상담 전에 '집단'이 있었다.

가족상담이 1950년대에 본격적으로 시작되기 전에 상담 현장에서는 가족에게 관심을 갖게 하는 움직임이 있었다.

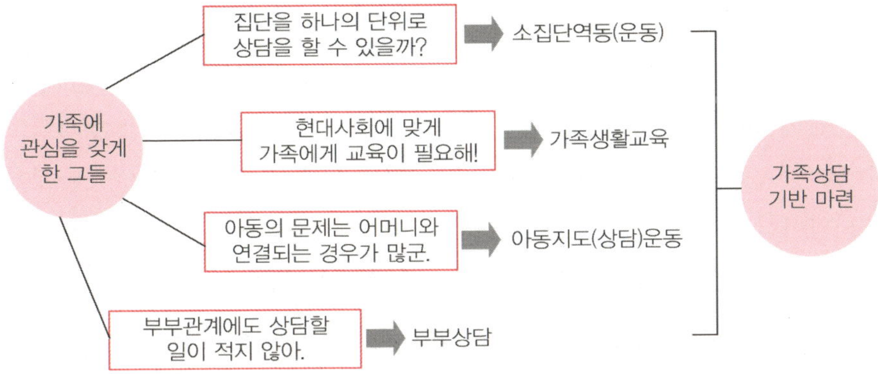

그림 2-1 가족상담의 선구적 움직임들

가족상담을 가족상담이라 부르기 위해서는 개인과 다른 차원에서 "가족"을 접근하는 접근방법이 필요하며, 상담에서 "가족"의 필요성이 인식되어야 한다. 즉, 대상으로서 가족과 그 가족에게 적용되는 상담기법이라는 방법론이 충족되어야 가족상담이 독립적인 하나의 상담 영역이라 부를 수 있는 것이다. 그림 2-1에서 보듯이 가족상담의 선구적 움직임들은 소집단운동, 가족생활교육, 아동상담운동, 부부상담 등이었다. 이들은 가족을 접근하는 새로운 방식을 제시하거나 가족을 단위로 한 상담이 필요함을 알려준 가족상담의 선구적 움직임들이었다. 이러한 선구적 움직임을 토대로 가족상담은 그 대상으로서의 가족과 가족을 상담하기 위한 독자적 방법론을 수립하면서 하나의 독립된 상담 분야로 자리를 잡게 되었다.

3) 소집단연구

소집단역동(운동)은 집단이 가지고 있는 역동성에 주목하였다. 개인과 개인이 집단으로 모였을 때, 혼자서는 하지 않는 행동 및 움직임이 나타나 집단 특유의 행동양식을 보여준다. 소집단운동의 대표 학자인 레빈(Lewin)은 집단은 개인을 단순하게 합한 이상을 가지고 있다고 주장을 하고, 집단이 변화를 받아들이는 과정에 대한 연구를 진행하였으며, 소집단운동의 상담자들은 집단역동을 접근할 때 내용보다 과정에 관심을 가져야 한다고 인식하였다(최연실 외,

2020; Nichols & Schwartz, 2007). 아무리 집단에 속한 개개인을 잘 파악한다고 해도 집단을 충분히 알 수 없으며, 개개인의 문제를 다 해결한다고 하더라도 집단의 문제점은 그대로 남아있을 수 있다는 생각이 소집단운동의 성과라고 할 수 있다. 소집단운동의 이러한 관점은 집단을 단순한 개인의 확장으로 보는 시각을 넘어서 가족을 하나의 상담 단위로 인식하고, 가족의 변화를 일으키기 위한 관점에 일조하였다. 소집단역동에서 나온 결과들은 가족상담에도 상당 부분 적용할 수 있었기 때문에 가족상담을 촉진하는 요인이 되었다.

4) 아동지도운동

아동지도운동(아동상담운동)은 아동의 건강에 영향을 미치는 요인으로 가족 특히 어머니의 영향력을 부각시켰다. 아동지도운동은 아동의 문제가 어머니와 연결이 많이 연결됨을 발견하였다. 어머니의 잘못된 양육이 아동이 문제를 일으키는 요인이 된다는 것이다.[1] 이러한 생각이 발전하여 어머니뿐만 아니라 가족 전체가 아동에게 문제를 일으키는 영향요인이 된다는 관점을 형성하였다(김용태, 1999; 최연실 외, 2020; Nichols & Schwartz, 2007). 아동지도운동이 초기에 어머니를 문제의 원인으로 지목하였던 한계에도 불구하고 아동지도운동은 상담에서 가족의 영향력을 인식하는 데 도움을 주었다.

5) 가족생활교육

1900년대부터 가족생활에 필요한 내용을 알려주기 위한 가족생활교육이 지속적으로 개설되었다(김용태, 1999). 두 차례의 세계대전과 경제대공황은 20세기 초반에 가족에 큰 영향을 미쳐서 이혼이나 사별 등으로 인한 가족구조의 불안정성을 불러왔다. 정부와 사회는 가족이 겪는 문제에 대한 대응책으로 가족의 기능을 강화시키려는 가족생활교육을 지원하였다(최연실, 2020). 가족생활교육은 가족에게

1) 현대의 가족상담은 단순하게 어머니나 자녀를 비난하지 않는다. 가족상담에서 보면 어머니와 자녀 모두 가족 체계의 일원이며, 문제의 원인이자 결과가 된다.

필요한 지식이나 기술 등을 전수함으로 가족의 역량을 높이는 것을 목표로 한다. 가족생활교육은 가족상담과는 그 기법이 다르지만 “가족”에게 전문적인 도움이 필요함을 인식시켜 주는 데는 도움이 되었으리라고 생각해 볼 수 있다.[2)]

6) 부부상담

부부상담은 가족상담에 앞서 1920년대 후반부터 전문상담센터가 설립되면서 활성화되었다. 부부상담은 남편과 부인 개인을 넘어서 남편과 부인의 상호작용에 관심을 가졌으며, 이는 가족상담에도 영향을 주게 된다(제석봉 외, 2014). 부부상담이 종래의 개인상담과 다른 점은 남편과 부인이 하나의 상담 단위로 묶인다는 점이다. 부부상담은 가족상담의 하위개념으로 이해되기도 하고, 현장에서 면밀하게 구분되기 어려운 경우도 많이 있다(Nichols & Davis, 2017).

7) 1950년대

가족치료의 출발점은 개인상담 혹은 개인 심리치료 현장에서 비롯되었다. 초기 가족상담자들은 조현병[3)]을 치료하는 과정에서 개인상담만으로는 한계가 있음을 알게 되었고, 가족을 함께 상담하는 것이 효과적이라는 사실을 발견하게 되었다. 현장의 이러한 경험은 새로운 틀 즉 가족치료 이론을 탄생시켰고, 현장의 경험과 가족치료 이론이 상호자극을 주면서 가족치료 이론은 점차 발달하게 되었다.

가족치료의 효과는 가족의 상호작용을 변화시키는 것이다(Nicols & Schwartz, 2007 : 11). 가족상담이 본격적으로 시작된 것은 1950년대의 일로(김용태, 1999 : 25; 이희세 외, 2017 : 34; 제석봉 외, 2014; 최연실 외, 2020 : 9), 1950년대 가족상담은

2) 현장에서 가족상담과 가족생활교육은 엄밀하게 분리하기 어려운 경우가 종종 있다. 가족생활교육은 정해진 교육내용을 토대로 이루어진다는 점에서 상담의 내용이 가족의 상황에 의해 결정되는 가족상담과 다르다고 할 수 있다. 그러나 가족생활교육이 개별 가정이나 소수 가족을 대상으로 하며 그 가족의 문제를 중점적으로 다루는 식으로 운영된다면 가족상담과의 차이가 모호할 수 있다.

3) 조현병은 과거에는 용어를 직역하여 정신분열병이라고 불렸으나, 이 명칭이 실제 병을 제대로 반영하지 못하고 있으며, 환자에게 낙인효과를 일으키는 점을 감안하여 2011년에 병의 명칭을 변경하게 되었다(이유상 · 권준수, 2011 : 16-19).

조현병 환자를 치료하면서 발달하였다. 조현병 환자의 증세 정도는 매우 다양하다. 개인치료를 하던 가족상담의 선구자들은 개인치료의 한계를 느끼고, 개인의 가족을 불러서 같이 치료를 한 결과 치료의 효과가 있음을 알게 되었다.

1950년대 미국의 조현병 관련 가족상담자들이 가족상담 연구를 시작한 것은 개인상담이 해결해 주지 못한 어려움 때문이었다. 예를 들어, 돈 잭슨(Don Jackson, 1954)(Nichols & Schwartz, 2007 : 14 재인용)은 부인의 우울증이 호전되자 남편이 문제가 생기는 경우를 보고하였다. 부인과 남편이 우울증과 관련해서 서로 연결되어 있었던 것인데 기존의 개인상담으로는 설명이 어려운 경우였다. 또 다른 예로 머레이 보웬(Murray Bowen)의 경우는 조현병 환자를 연구하면서 어머니-자녀뿐만 아니라 아버지를 포함한 '삼각관계'가 병에 영향을 끼친다는 것을 발견하였다(Griffin & Greene, 1999 : 139).

김용태(1995 : 26)는 1950년대 조현병 환자 가족을 대상으로 한 주요 연구 프로젝트로 그레고리 베이슨(Gregory Bateson)의 이중구속, 테오도르 리즈(Teodore Lidz)의 부부간의 균열 및 불균형, 리만 와인(Lyman Wynne)의 가짜 친밀성과 고무울타리, 머레이 보웬의 분화의 연구를 꼽고 있다. 이들 연구는 상담 현장에서 가족을 상담의 단위로 다룰 필요성을 제시해 주며 가족체계의 독특성을 입증해 주었다.

가족의 경험과 성장을 강조하는 칼 휘태커(Carl Whitaker), 버지니아 사티어(Virgina Satir)도 1950년대에 활동을 한 가족상담자였다(김혜숙 외, 2012; Becvar & Becvar, 2013). 사티어는 1958년 MRI(Mental Research Institute)의 초대소장을 역임했다(김영애, 2020).

8) 1960~1970년대

1960년대는 가족상담에 대한 관심이 확대된 시기로 상담 현장에서 가족상담을 조심스럽게 수용해 가는 시기였다. 가족상담이론의 보급이 활발해지던 시기였지만 일선 사회복지 현장에서는 아직 보조수단으로 활용되는 데 머물렀다(김혜숙, 2012).

미누친(Salvador Minuchin)은 1960년에 뉴욕 윌트윅 소년학교에서 저소득 빈민 청소년과 그 가족을 치료한 경험을 바탕으로 구조적 가족상담을 고안해 냈다(Becvar & Becvar, 2013; Nichols & Schwartz, 2007). 미누친은 저소득층 가족에게는 기존의 가족상담이 그다지 효과적이지 않아 가족의 구조 변화를 유도하는 것으로 큰 효과를 거두었다(최연실 외, 2020).

1970년대는 미누친의 구조적 가족상담이 거대한 영향력을 행사하였고, 가족에 관한 연구가 활성화되었으며, 드 세이저(Steve de Shazer)와 김인수가 해결중심 가족상담을 개발했던 시기이기도 하다. 가족상담 관련 훈련센터들이 속속 설립된 시기였고 가족상담 관련 학회나 협회 또한 크게 성장하였다. 미국 부부상담자협회는 미국 부부 및 가족치료학회로 명칭을 변경하였으며, 미국가족치료학회가 조직되었다. 또한 미국 이외의 유럽 등에서도 가족치료가 성장한 시기였다(김혜숙 외, 2012; 최연실 외, 2020; Nichols & Schwartz, 2007).

9) 1980년대 이후

1980년대 가족상담의 경향을 한 단어로 표현한다면 '통합'이라고 할 수 있다. 가족상담 이론과 기법의 통합이 시도되었으며, 문제의 원인보다 해결을 강조하는 해결중심 가족상담이론이 발전하고, 교육이 강조되는 심리교육 모델 등 새로운 시도도 계속되었다(이희세 외, 2017; 최연실 외, 2020; Becvar & Becvar, 2013). 가족이 겪고 있는 문제를 해결하기 위해서는 다양한 모델을 내담자에 맞게 유연하게 응용하는 것이 필요하다. 이 시기 가족상담이론은 보다 실용적으로 변모하였다고 할 수 있다.

1990년대는 가족상담에 있어 성찰의 시기라고 할 수 있다. 내담자의 주체적인 측면이 강조되었고, 사회 내 소수집단인 여성, 다문화 등에 대한 관심도 증가하였다. 그동안의 가족상담이 보지 못했던 부분들을 성찰한 것인데, 사회구성주의 등을 통해 내담자의 내면이 강조되고, 페미니즘 접근 등 기존 가족상담의 맹점을 지적하고 각 집단의 고유성을 살린 가족상담들이 시도되었다(김혜숙, 2012; 최연실, 2020; Becvar & Becvar, 2013).

2. 한국에서의 가족상담의 발달

1) 가족상담 활동의 시작

이명흥(1986)에 의하면 한국에서 가족상담에 대한 관심은 1970년대 버지니아 사티어의 『공동가족치료(Conjoint Family Therapy)』가 소개되면서부터이다. 한국에서 가족상담은 사회복지 및 가정학을 중심으로 관심을 갖기 시작하였고, 정규 과목이 개설된 것은 1979년 이화여자대학교 대학원의 전공 선택 과목이 최초이다. 의료분야에서는 1970년 국립정신병원에서 사티어의 공동가족치료에 관한 토의가 이루어진 것으로 나타나며, 1972년에는 이부덕 대위가 주한미군에서 가족치료를 실시한 것으로 나온다. 사회복지 분야에서는 1976년 이화여자대학교 사회복지관 가족상담부에서 가족치료를 실시하였으며, 1983년 무렵 서울시립가정상담소에서 엄예선에 의하여 가족상담이 본격적으로 실시되었다.

한국가족치료연구회 활동에 이어 한국가족치료학회 건립에 공헌이 있는 이명흥과 가족치료 워크숍을 지속적으로 실시한 이부덕, 구조적 가족치료를 보급한 최복림, 해결주의 상담을 보급한 김인수가 한국가족상담 발전의 공로자로 평가되고 있다(최연실 외, 2020).

2) 가족상담연구의 시작

한국에서 도서와 학술지 논문 등 문헌적 측면에서 가족상담의 발달은 1970년대에 시작된 것으로 보인다.

우선 국립중앙도서관에서 '가족치료' 내지 '가족상담'이라는 키워드로 도서를 검색하여 과거순으로 정렬을 하면 가장 먼저 나오는 책이 1977년에 번역 발간된 버지니아 사티어의 『가족치료의 이론과 기술』이고, 그다음이 1981년에 김수지와 김정인이 쓴 『가족정신건강 : 가족치료의 이론과 실제』이다.

국내학술논문의 경우, 동일한 검색어로 RISS.KR에서 검색한 결과, 1973년에 발간된 이숙희(1973)의 「정신신경증집단의 문제성과 그 가족원의 상관성 : 가족치료의 필요성」을 찾을 수 있었다. 이숙희의 연구는 정신신경증집단의 문제점을 통하여 가족치료의 필요성을 제기한 연구로 가족치료 내지 가족상담과 관련하여 가장 앞선 논문으로 나타났다. 1975년에는 김기태(1975)의 논문인 「가족치료에 관한 케이스워어크 접근방법」이 발간되었다. 또한 1976년에는 이정숙(1976)이 「가족치료의 발달에 미치는 신경분열증의 영향」이라는 논문을 통하여 가족치료 이론에 대한 고찰을 시도하였다.

학위논문의 경우도 RISS.KR에서 검색한 결과, 안향림(1975)의 「가족치료를 통한 가족역동에 관한 연구」가 최초로 발견되며, 이는 이명홍(1986)에서도 동일하게 나타난다.[4] 이후 1976년 대구대학교에서 남상만의 「케이스워어크에 있어서 가족치료에 관한 연구 : 가족 면접을 중심으로」가 발표되었다.

3) 학회지 현황

1970년대에 시작한 가족상담연구는 이후 관련학회와 학회지가 생기면서 활성화되었다. 생활과학, 사회복지학, 심리학 등의 연관 학회를 제외하고 가족상담 또는 가족치료를 학술지 이름으로 사용한 경우는 RISS.KR의 검색 결과 현재 4건으로 나타났다(표 2-1).

〈표 2-1〉 가족상담 및 가족치료 관련 학술지

학술지명	발간학회	최초 발간일
가족과 가족치료	한국가족치료학회	1993년
가족과 상담	숭실대학교 부부가족상담연구소	2011년
아동가족치료연구	명지대학교 아동가족심리치료센터	2011년
부부가족상담연구	한국부부가족상담연구학회	2020년

4) 1976년 박숙자의 가족진단을 통한 치료계획 수정에 관한 연구가 한국사회사업대학 석사논문으로 발표된 것으로 나오나, 원문을 확인하지 못하여 가족상담 논문으로 확정할 수 없는 상황이다.

4) 가족상담의 법제화 : 건강가정지원센터(가족센터)

가족상담의 법제화 또한 한국에서 가족상담이 발달하는 데 도움을 주었다. 관련법령을 살펴보면 다음과 같다.

- **1998년** : 가정폭력방지 및 피해자보호 등에 관한 법률 제5조에서는 국가나 지방자치단체가 가정폭력 관련 상담소를 설치 · 운영할 수 있도록 되어 있다. 가정폭력방지법은 1998년 시행되었으며 가족상담을 규정하여 가족이 가정폭력에서 벗어나도록 돕고 있다.
- **2005년** : 건강가정기본법이 2005년 1월 1일 시행된 이후에 전국적으로 건강가정지원센터가 설립되었다. 건강가정기본법에서는 제26조(민주적이고 양성평등한 가족관계의 증진)에서 "가족상담"을 규정하고 있다. 건강가정지원센터는 전국 시도 및 시군구에 설치되어 있으며 최근 다문화가족지원센터와 통합되어 가족센터라는 이름으로 운영되고 있다. 가족센터마다 가족상담을 운영하고 있어 한국의 가족상담의 발전에 기여하고 있다.
- **2008년** : 다문화가족지원법에서도 제12조에서 다문화가족지원센터를 국가와 지방자치단체가 설치 · 운영할 수 있도록 하면서 가족상담을 그 업무로 규정하고 있다.
- **2008년** : 민법 제936조의2 제1항에서는 법원이 협의이혼의 당사자들에게 상담을 받을 수 있도록 권고하고 있으며, 제2항 제1호에서는 양육하여야 할 자가 있는 경우에는 3개월의 이혼 숙려기간을 갖도록 하고 있다.
- **2008년** : 가족친화 사회환경의 조성 촉진에 관한 법률 제2조에는 가족친화 제도 중 근로자 지원제도로 근로자 상담 프로그램을 규정하고 있다.
- **기타** : 대법원의 가사소송규칙 제12조의2에는 가정법원에서는 가사소송에서 필요한 경우 상담을 받도록 권고하고 있다.

CHAPTER 03

초기 가족상담의 이론적 기초

학습목표

1. 체계이론과 그 주요 개념을 설명할 수 있다.
2. 사이버네틱스와 피드백을 설명할 수 있다.
3. 가족의 기능과 역기능과 관련된 개념을 설명할 수 있다.

주요 용어

가족 경계선	가족 하위체계
가족항상성, 가족규칙, 가족신화	가족규칙
사이버네틱스	피드백
순환적 인과관계	과정과 내용
이중구속	거짓 상호성, 거짓 적대성, 고무울타리

제3장과 제4장에서는 가족상담을 이해하기 위한 주요 원리와 개념 등 이론적 기초를 살펴보고자 한다. 제3장에서는 가족상담의 고전적 접근에서 사용하는 원리와 개념을 설명하였으며, 가족체계를 이해하는 데 중점을 두었다. 제4장에서는 체계이론의 대안적 가족상담을 이해하기 위한 원리와 개념을 다루었다.

학습의 효율을 높이고, 이 책과 같이 제공되는 워크북을 작성하는 데 도움을 주기 위하여 1시간 학습 분량으로 원리와 개념들을 임의로 나누어 구분하였다.

1. 체계이론[1)]

가족 개개인을 모두 안다고 해서 그 가족을 아는 것은 아니다.

일반체계이론을 발표하여 가족상담뿐 아니라 사회 전반에 영향을 주었다. 일반체계이론의 주창자인 폰 버틀란피(Ludwig Von Bertalanffy, 1969 : 54-55)는 개체를 고립적으로 파악하는 것으로는 체계를 제대로 이해할 수 없다고 주장한다. 이를 가족에 빗대어 설명하면, 가족 개개인을 모두 안다고 해서, 다시 말해 가족의 아버지, 어머니, 자녀 각각을 모두 안다고 해서 그 가족을 아는 것은 아니라는 것이다. 가족구성원들의 상호작용과 가족규칙 등으로 인해 가족은 개개인의 단순한 합체를 넘어 전체로서의 가족을 구성한다.

지인의 집에 방문을 하면, 내가 알고 있던 지인과 지인의 가족이 전혀 다른 모습 혹은 뜻밖의 행동을 하는 것을 볼 수가 있다. 지인과 지인의 가족은 하나의 체계를 형성하고 있으며, 지인은 가족체계의 영향을 받아 친구들과 있을 때와는 다른 행동을 할 수 있다.

1) 체계의 성립 : 경계선과 하위체계

(1) 가족 경계선

자녀가 성장을 하면서 삶에서 친구의 비중이 점점 늘어난다. 목소리나 행동마저 가족을 닮았던 자녀는 점점 친구가 쓰는 말을 쓰고 친구가 하는 행동을 한다. 어린 시절 자신의 가족을 돌아보면, 우리 가족은 너무 엄격하다고 생각하는 경우도, 또 너무 풀어놓는다고 생각할 수도 있다. 자녀가 성장을 하면서, 부모가 성장을 하면서 환경과 계속 상호작용하기 때문에 가족의 경계선은 계속 변화한다.

체계가 성립하기 위해서는 환경과 구분이 되어야 한다. 환경과 구분이 되는

1) 가족상담에서 체계이론에 대해 보다 자세히 공부하고 싶다면, Becvar와 Becvar(2013)가 쓴 『가족치료 : 체계이론적 통합』(시그마프레스에서 2016년 정혜정 외의 번역본 출간)을 읽어볼 것을 권장한다.

것이 경계선이다. 경계선은 가족과 환경을 구분할 뿐만 아니라 자원이 가족과 환경 사이를 넘나드는 것을 통제한다. 경계선은 매우 개방적일 수도 있고 폐쇄적일 수도 있다. 집에 비유해 보면 경계선은 지붕 또는 담장이라고 할 수 있다. 담장이 거의 없어서, 다시 말해 경계선이 개방적이어서 누구나 우리집 마당으로 드나들 수 있는 경우를 개방적이라고 한다면, 담장이 빽빽하고 문까지 달려 있어서, 즉 경계선이 폐쇄적이어서 우리집으로 함부로 들어오거나 나갈 수 없다면 폐쇄적이라고 할 수 있다. 가족은 완전히 폐쇄적일 수 없고 완전히 개방적일 수도 없다. 체계가 건강하게 유지되기 위해서는 적절한 균형점을 찾는 것이 필요하다(Becvar & Becvar, 2013 : 78-80). 만약 지붕이 없다면 비바람을 피할 수가 없을 것이고 담장이 없다면 외부의 침입을 막기 곤란할 것이다. 반면 담장에 문이 없거나 매우 비좁다면 그것은 감옥이나 마찬가지일 것이다.

가족체계가 폐쇄적일수록 외부와 단절되어 있게 되고 가족 내부에서의 상호작용이 중요해진다. 즉, 다른 가족 등 환경과 교류하지 않거나 상호작용이 낮은 가족에서 가족구성원들은 서로에 대한 비중 혹은 중요성이 증가한다(Deacon & Firebaugh, 1988). 서로에 대한 비중 혹은 중요성이 증가하면 항상 좋을 것 같지만, 보웬 등이 지적했듯이 이는 가족 갈등의 강도를 높이고, 가족구성원의 불안감을 심화시킬 수 있다.

가족 경계선은 아래에서 설명하는 가족 하위체계에서도 형성된다.

(2) 하위체계

가족구성원은 서로 간 상호작용하면서 여러 가족 하위체계를 형성한다. 예를 들어, 부부는 부부 가족 하위체계를 형성하며, 부모는 부모 가족 하위체계를 형성한다. 가족 그 자체도 사회의 하위체계라고 볼 수 있다. 가족 하위체계는 연합과 단절, 분리 등 하위체계 간에 다양한 역동적 관계를 만들어 낸다(최규련, 2012). 가족은 가족 내에서 분파를 형성하거나 소집단을 만들어 다른 가족구성원을 배척하기도 하고 다른 구성원을 분리시키기도 하는 등 다양한 관계를 만들어 낸다.

가족을 하나의 체계로 접근한다는 것이 가족 하위체계를 무시하는 것은 아니다. 가족 하위체계를 잘 관찰하여야 가족을 제대로 이해할 수 있다. 자녀를 양육하거나 부부가 서로 긴밀한 관계를 맺는 것, 형제간 상호작용 등을 우리는 가족 하위체계를 통해서 살펴볼 수가 있다. 가족 내의 삼각관계는 가족 내 하위체계의 작동방법 중 하나라고 할 수 있다. 가족상담자는 가족이 형성한 하위체계의 구조와 하위체계 내 또는 하위체계 간의 규칙을 파악하여 가족상담에 활용할 수 있다.

2) 가족항상성

체계가 갖는 특성 중 하나가 항상성이다(homeostasis). 항상성이란 체계가 일정하게 유지하는 자기조절을 의미한다(김용태, 1999 : 87; Nichols & Schwartz, 2007). 여기서 homeo는 유사함, 동일함, 일정함을 뜻하며, stasis는 상태를 뜻한다. 가족도 일정한 상태를 유지하려고 하며 이를 가족항상성이라고 할 수 있다.

우리가 주목해야 할 점은 가족이 너무나 엄격하게 항상성을 발휘하려고 할 때 가족에게 오히려 문제를 일으킬 수 있다는 점이다(Nichols & Schwartz, 2007 : 101; von Bertalanffy, 1969 : 210-211).

그 이유 중 하나가 가족이 계속 성장하고 있으며 환경이 끊임없이 변하기 때문이다(von Bertalanffy, 1969 : 210).[2] 부모와 자녀는 직장에서, 학교에서, 마을에서 새로운 사람들을 만나고 변화를 받아들이려고 한다. 그런데 과거의 규칙에만 머물러 일정하게 가족을 유지하려고만 한다면 가족 갈등을 심화시킬 것이다. 예를 들어, 자녀의 통금시간을 초등학교 때부터 대학교 때까지 일정하게 한다면, 자녀의 삶에 큰 무리가 갈 것이다. 가족여행을 가서도 집에서처럼 10시에 잠을 자야 한다면 과연 어떨까?(김용태, 1999 : 88; 최규련, 2012 : 54) 그 순간에는 자녀가 부모의 말을 듣는다고 하더라도 자녀의 불만은 계속 쌓이고 어느 순간에는 폭발하게 될 것이다.

2) 폰 버틀란피는 발달과 창작, 역동적인 조절체계, 갑자기 일어난 사건 등에 항상성을 적용하는 것은 어렵다고 보았다(von Bertalanffy, 1969 : 210).

가족상담자는 가족항상성을 잘 이해하고 가족항상성이 가족 기능을 해치는 역기능을 하고 있지는 않은지를 살펴볼 필요가 있다. 또한 엄격하게 가족항상성을 지키는 것이 아닌 동적이고 유연하며, 새로운 수준의 가족항상성을 갖도록 내담자를 도와줄 필요가 있다(최규련, 2021 : 54).

3) 가족규칙 또는 가족신화

가족규칙은 가족이 형성한 규칙을 말한다. 가족규칙은 역할에 관한 것일 수도 있고 행동 방식, 의사소통, 예절 등 매우 다양하게 나타난다. 가족규칙은 가족마다 다르게 형성되며, 명시적인 것도 있지만 암묵적인 것 또한 존재한다.[3] 가족규칙은 가족이 다른 체계와 다른 경계를 형성하는 요인이 되며, 가족의 행동범위를 정하고, 가족의 기능을 원활하게 할 수도 있고, 기능을 악화시킬 수도 있다(이희세 외, 2017 : 57; 최규련, 2012 : 54; Nichols & Schwarz, 2007 : 97).

예를 들어, 어떤 부부는 부부싸움을 할 때 시끄러운 카페에 가서 싸움을 하는데 이는 서로가 지나치게 비이성적으로 변하는 것을 방지하기 위함이라고 한다. 가족은 성장을 하면서 또는 환경 변화에 따라 가족규칙을 변경시킬 수 있다. 신혼 때는 거칠게 싸우다가도 가족의 의사소통 및 문제해결 역량이 향상되면 싸움보다는 가족회의를 통해 문제를 해결할 수도 있다. 가족규칙을 어떻게 운용하는가는 가족 기능에 매우 중요하다.

참고로 가족신화는 가족규칙과 유사하지만 주로 "잘못된" 혹은 "비합리적인" 기대와 신념을 표현하기 위하여 사용된다(최규련, 2012 : 54; 최연실 외, 2020).[4] 가족신화가 존재한다면 가족이 비합리적인 신념으로 제대로 기능하기 어렵다.

---

3) 가족규칙은 가래떡을 먹는 방식이나 김치를 담그는 방식 등에서 시작하여, 돈을 쓰는 방법, 돈을 버는 방법 등에 이르기까지 매우 다양하다.

4) 학자에 따라서는 가족신화에 합리적인 것까지 포함해서 전통적으로 이어져 내려온 것으로 보는 경우도 있다(이희세 외, 2017 : 57). 매스컴에서 나오는 성공신화라는 표현은 업적을 강조하기 위해서 사용되지만 사회과학에서 사용되는 "OO신화"라는 표현은 일반적으로 허위적 개념을 통해 상대를 억압하거나 행동을 제한하는 등 부정적 측면을 강조할 때 사용된다. 예를 들어, 모성신화나 부성신화라고 하면, '어머니이기 때문에 이래야 해.', '아버지이기 때문에 이렇게 해야 해.' 등과 같이 여성에게 혹은 남성에게 부여되는 사회적인 억압을 표현하는 데 주로 사용된다.

2. 사이버네틱스

1) 사이버네틱스와 피드백

사이버네틱스라는 용어는 인터넷이 보급되는 1990년대나 2000년대에 등장했을 듯싶지만, 1948년 수학자 노버트 위너(Nobert Wiener)에 의해 제안되었다. 위너는 사이버네틱스를 조타수를 의미하는 그리스어 kybernetes에서 따왔다(Wiener, 1948). 조타수는 배가 목적지를 향하도록 바람과 물살을 고려하여 배의 방향을 조정한다.

사이버네틱스란 자기조절 체계 또는 피드백체계를 말한다. 사이버네틱스란 체계가 상황의 변화에 따라 스스로 방향성을 유지하거나 자기 자신을 조절하는 체계[5]라고 할 수 있다(최연실 외, 2020; Becvar & Becvar, 2013; Goldenberg & Goldenberg, 2000).

조타수가 배를 조정하는 행위를 우리는 피드백이라고 볼 수 있다. 예를 들면, "배가 목적지보다 왼쪽으로 가고 있으니 오른쪽으로 돌려야 해." 등의 정보가 피드백이 된다.

피드백이란 체계의 산출물에 대한 정보가 다시 체계로 돌아가는 것을 말한다. 위의 조타수가 배의 방향을 잡아 운항을 하였는데 배가 목표와는 달리 왼쪽으로 치우쳤다면 이는 과거 조타수의 행동의 결과와 향후 행동 방향을 알려주는 피드백이 필요하다.

2) 가족체계와 사이버네틱스

앞서 살펴보았듯이 가족은 하나의 체계라고 할 수 있다. 가족은 끊임없이 환경과 상호작용하며, 가족 내의 하위체계에서도 상호작용을 한다. 어려운 용어

5) 사이버네틱스가 작동하기 위해서는 첫째, 현재의 상태를 파악할 수 있어야 하고, 둘째, 목적 또는 목표와의 차이를 파악할 수 있어야 하며, 셋째, 현재 상태의 결과를 예측할 수 있어야 하고, 넷째, 목표로 나아가기 위하여 현재 상태를 어떤 식으로 조절할 수 있을지도 판단할 수 있어야 한다.

를 써서 그렇지 가족체계에서 사이버네틱스는 우리가 매일 경험하는 것이다. 자녀가 가족이 쓰지 않기로 한 욕설을 했다고 하면, 부모는 "욕은 되도록 쓰지 않았으면 해."라고 피드백을 줄 수 있다. 때로는 자녀가 욕을 하는 것을 청소년 하위문화로 인식하고 그대로 용인하되 비언어 표현으로는 싫은 표정을 지으면서 부정적 피드백을 줄 수도 있다. 매일매일 가족의 삶에서 현재의 행동과 그 결과를 평가하고 향후에 어떻게 할지를 결정하는 조절 과정이 바로 사이버네틱스라고 할 수 있다. 가족상담자는 가족에서 일어나는 자기조절 과정, 즉 피드백 과정을 지켜보고 그 피드백 가정에 적절한 변화를 줄 수 있다. 의사소통을 강조하는 입장에서는 의사소통 방법 그 자체에 변화를 줄 것이고, 구조를 강조하는 입장에서는 가족의 위계 구조를 변화시킬 것이다.

3) 긍정적 피드백과 부정적 피드백

긍정적 피드백은 현재 상태와 움직임을 확인하고 그대로 가도 좋다는 것이다. 부정적 피드백은 지금의 행동에서 원래대로 돌아가라는 것이다. 긍정적 피드백을 한마디로 하면 "괜찮아. 그래도 돼."이고, 부정적 피드백은 "원래대로 바꾸어."라는 표현이 된다. 현재 행동을 바꾸려고 한다면 부정적 피드백, 그대로 하거나 오히려 강화하려고 한다면 긍정적 피드백인 것이다. 긍정적 피드백이 "이 상태로 쭉 진행" 혹은 "이 방향대로 가속해"라면, 부정적 피드백은 "이대로 가면 안 돼. 지금 행동을 바꾸어야 해."라고 할 수 있다. 긍정적 피드백은 현재 활동을 유지하거나 증가시키도록 하는 반면, 부정적 피드백은 현재 활동을 억제하거나 다른 방향으로 변화시키려고 한다(김용태, 1999 : 86).

긍정적 피드백과 부정적 피드백의 개념을 사람들이 혼동하는 경우가 많아, 니콜스와 슈와르츠(Nichols & Schwartz, 2007 : 95)는 특별히 긍정적 피드백과 부정적 피드백이 "체계에 이익을 주거나 해를 주는 개념은 아니다"라고 밝히고 있다. 긍정적 피드백이 가족에게 이익을 주는 것이 아니라 지금의 행동을 그대로 해도 좋다는 표시인 것이다.

예를 들어, 편식을 하는 아동이 있다고 하면, 긍정적 피드백은 편식을 그대로 해도 괜찮다는 것이다. 가족이 아동의 편식을 그대로 받아들인 것이다. 반면 부정적 피드백은 현재를 받아들이지 않고 골고루 먹어야 한다고 결정하는 것이다. 가족이 아동의 편식을 받아들이지 않은 것이다.

중요한 것은 긍정적 피드백과 부정적 피드백을 구분하는 것이 아니다. 가족체계가 어떤 경우 변화를 수용하는 것이 필요하고 어떤 경우 현 상태를 유지하는 것이 좋은 것인지를 판단하는 것이다. 긍정적 피드백, 부정적 피드백 모두 체계에 이롭게도 해롭게도 작용할 수 있기 때문이다(Nichols & Schowartz, 2007 : 96).

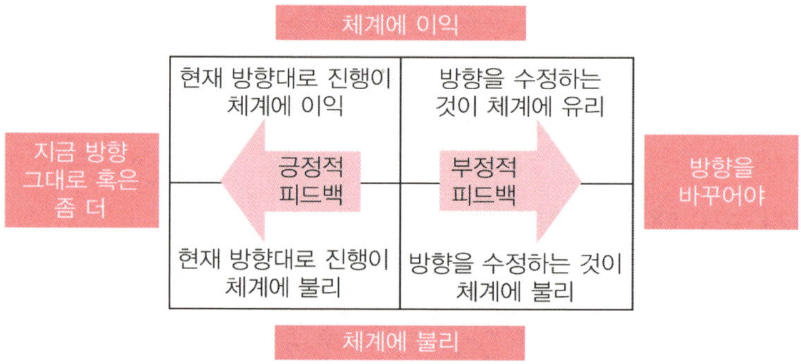

| 그림 3-1 | 긍정적 · 부정적 피드백과 체계 유익 정도

3. 가족 기능과 가족 역기능 관련 개념

1) 순환적 인과관계

과학적 사고의 기본은 원인과 결과가 있다는 것이다. 또한 그 원인은 결과보다 앞서 있어야 하며(시간순서), 원인과 결과가 서로 상관이 있어야 하고(상관), 이러한 변화를 일으키는 다른 요인이 없어야 한다(비허위성)(Babbie, 2013 : 142).[6] 시간순서와 상관, 비허위성을 모두 갖추어야 인과관계가 있다고 한다. 예를 들어, 어떤 운동선수가 경기 전에 특정 기자와 악수를 할 때마다 승리를 하였다

6) 책에 따라서 용어의 명칭은 차이를 보인다. 대체로 사회복지조사론에서는 시간순서를 시간적 우선성, 상관을 공변성, 비허위성을 통제성으로 부른다.

고 한다면 운동선수는 특정 기자와 계속 악수를 하려고 할 것이고 이를 우리는 징크스라고 한다. 운동선수의 징크스는 시간순서와 상관관계를 모두 갖추었다. 다만, 여기에는 특정 기자와의 악수 외에 다른 요인이 있을 가능성이 높다. 운동선수의 징크스는 다른 요인을 배제하지 못하여, 즉 비허위성을 충족시키지 못하여 과학적 인과관계라고 할 수 없다. 원인과 결과가 질서정연하게 시간적인 순서에 따라 배치되는 것이 직선적 인과관계라고 한다. 대부분의 과학적 실험은 직선적 인과관계를 기반으로 한다. 직선적 인과관계의 성립에서 결과는 원인이 되지 못한다. 원인은 계속 원인이며, 결과는 계속 결과이다. 결과가 원인이 되지 못한다.

가족체계에서 나타나는 순환적 인과관계는 이러한 과학적 상식을 뒤집는 것이다. 원인과 결과가 얽혀 있기 때문이다. 가족구성원끼리 싸움을 할 때, 서로가 문제의 원인이었음을 지적한다. 그 원인은 일을 넘고 월을 넘어 몇 해를 거슬러 올라가기도 한다.

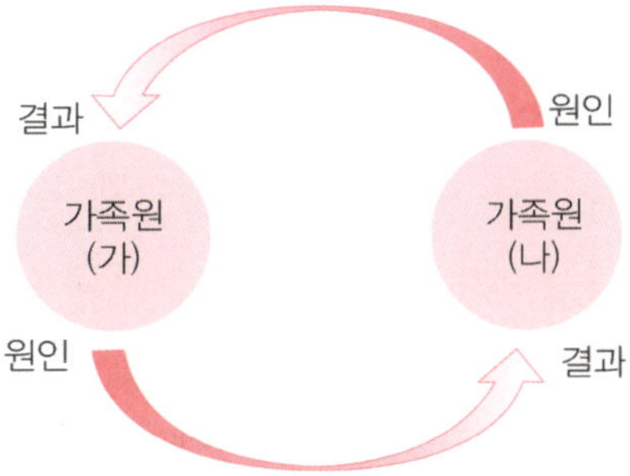

| 그림 3-2 | 순환적 인과관계

순환적 인과관계란 체계에서 서로가 서로에게 원인이자 결과가 되는 것으로서 지속적으로 피드백이 계속되어 나타나는 현상이다. 순환적 인과관계에서는 누가 잘했고 누가 못했는지 원인과 결과를 따지는 것이 쉽지 않으며, 그것을 어렵게 안다고 해서 문제가 해결되지도 않는다(Nichols & Schwartz, 2007 : 114).

2) 과정과 내용

의사소통은 내용이 전달되는 과정이다. 일반적으로 의사소통에서 가장 중요한 것은 내용이다. 통상적으로 의사소통의 목적은 내용을 전달하는 것이기 때문이다. 예를 들어, 편지를 받았다고 하면, 그 편지에 담긴 내용이 무엇인지가 가장 중요하다. 그러나 가족상담의 대가들은 의사소통의 내용보다 과정에 집중해야 한다고 한다(Becvar & Becvar, 2013 : 83; Nichols & Schwartz, 2007 : 115). 편지를 누가 어떻게 전달했는지가 편지의 내용보다 더 중요하다는 것이다.

이는 위에서 언급한 순환적 인과관계와도 연관이 있다. 누가 원인이고 누가 결과인지가 불분명한 것이 순환적 인과관계이다. 남편과 부인이 서로 이야기를 하고 있다고 하자. 부인은 어제 있었던 일을 따지고, 남편은 그동안 서운했던 일을 이야기한다. 서로 의사소통을 통해 주고 받는 메시지의 내용이 다툼의 직접적인 원인이다. 그러나 다툼의 내용을 충분히 파악하는 것만으로 앞으로의 부부싸움을 덜 하도록 할 수 있는가 하면 그렇지 않을 때가 많다는 것이다. 부인과 남편은 지금의 일이 해결된다고 하더라도 계속 싸울거리가 생길 것이고 그때마다 싸울 것이다. 문제는 의사소통의 내용이 아니라 의사소통으로 인해 싸움이 일어나는 과정 그 자체에 있는 것이다. 즉, 남편과 부인이 의사소통을 하는 과정 그 자체가 문제가 될 수 있다. 순환적 인과관계에서는 원인과 결과가 분명하지 않기 때문에 내용만을 가지고 만든 대안은 결국 문제의 일부분만 고려한 것이거나 사회 통상의 일반적인 것으로 그 가족에게는 도움이 안 되는 것일 수 있다. 저녁에 무엇을 먹을지를 놓고 싸운 부부는 그다음에는 아침을 먹을지 말지를 가지고 싸울 것이다. 단순히 하나의 싸움을 해결하는 것으로 가족문제가 해결되지 않는다.

가족은 이미 수년 혹은 십수 년에 걸쳐서 서로에게 문제를 발생시켜 왔다. 가족은 서로가 원인이 되는 순환적 인과관계 속에서 상처를 받아 왔고, 그 과정 속에서 특정한 의사소통 방식을 고착화시켜 왔다. 가족에게는 지금 코 앞에 있는 문제 그 자체에 대한 해답보다 문제를 해결하는 과정에 문제가 없어야 현재 그리고 미래의 문제, 즉 내용이 해결된다.

3) 이중구속

이중구속은 모순되고 상반된 내용이 동시에 전해지는 상태를 말한다(김용태, 1999 : 26-30; 최규련, 2012 : 56; Bateson et al., 1956; Becvar & Becvar, 2013 : 24; Nichols & Schwartz, 2007 : 24).

이중구속은 가족 역기능 중의 하나로 가족이 제대로 된 의사소통을 하지 못하는 상황을 가져온다. 이중구속은 조현병 환자를 치료하는 과정에서 조현병 환자에게 모순된 메시지들이 전달되는 것을 개념화한 것이다. 이중구속을 처음 발견한 사람들은 그레고리 베이슨, 돈 잭슨, 제이 헤일리, 존 위크랜드로 가족상담의 선구자들이다.

이중구속은 설명하기가 어려운 개념은 아니다. 일상생활에서도 얼마든지 벌어지는 일이다.

참고 이중구속의 필수 요소

1. 두 명 이상의 사람
2. 반복된 경험
3. 일차 부정적 명령
4. 이차 부정적 명령 : 추상적 수준에서 '3. 일차 부정적 명령'인 첫 번째 명령과 모순되면서 첫 번째 명령처럼 처벌이나 생존을 위협하는 신호를 통해 강제된다.
5. 이러한 현상에서 벗어나지 못하게 하는 삼차 부정적 명령 : 삼차 부정적 명령은 처벌적이지 않을 수 있다. 예를 들어, 가장된 사랑의 약속 등도 가능하다.
6. 희생자가 이중구속 양식을 인지하도록 학습되었다면, 더 이상 완벽하게 이중구속의 구성요소를 갖추지 않아도 된다.

출처 : Bateson et al.(1956), pp. 253-254 축약 발췌.

이중구속은 기본적으로 반복된 경험이 필요하다. 이중구속 요소에 해당하는 모순된 메시지들이 동시에 전달된다고 하더라도 반복된 경험으로 학습되지 않으면 크게 문제를 일으키지 않을 수 있다.

이중구속의 예로, 부모가 자녀에게 혼을 내면서 웃으라고 명령을 하는 상황을 생각해 보자. 자녀가 그 상황에서 웃는다면 부모는 뭐가 좋아서 웃냐면서 혼을 낼 것이다. 자녀는 웃어도 혼이 나고 웃지 않아도 혼이 나는 경험을 하면서 이중구속에 빠져 헤어나질 못한다. 부모는 이에 더해 자녀에게 사랑한다고 하면서 자녀가 옴짝달싹할 수 없게 한다. 자녀가 이러한 경험에 익숙하다면 부모의 단순한 명령도 이중구속처럼 느껴질 것이다.

4) 거짓 상호성, 거짓 적대성, 고무울타리

리만 와인과 그의 동료들(Lyman Wynne et al.)이 고안한 거짓 상호성(pseudo-mutuality), 거짓 적대성(pseudohostility), 고무울타리(rubber fence)는 가족의 역기능을 잘 보여주는 개념이다. 와인 등(Wynne et al., 1958)은 1958년에 거짓 상호성[7]의 개념을 발표하였다. pseudo는 사이비, 가짜, 거짓 등을 나타내는 접두어로 쉽게 말하면 '그런 척'하는 것을 의미한다. 거짓 상호성이란 가족 간의 갈등을 감추고 서로를 위하는 척, 친밀한 척하는 것이다. 서로를 희생하지만 진실한 상호성 혹은 진실한 친밀성에는 이르지 못한다. 거짓 적대성이란 적대성, 즉 갈등과 관련한 상호작용을 과장하여 나타내는 것으로 그 안에는 친밀성과 애정이 섞여 있다. 거짓 적대성도 가족의 의사소통을 방해한다. 고무울타리는 가족의 경계가 고무처럼 늘었다 줄었다 하되 어느 덧 원래대로 돌아가 버리는 것을 개념화한 것이다. 고무울타리 가족은 외부에 반응을 하는 것 같지만 원래 있던 자리로 돌아간다. 고무울타리는 가족이 밖으로 나가는 것도 밖에서 도움이 들어오는 것도 튕겨내는 역할을 한다. 도움이 필요한 가족원들이 도움을 받지 못하는 등 역기능을 해소하기 어렵다(김용태, 1999 : 33-36; 최연실 외, 2020 : 35; Becvar & Becvar, 2013 : 30-31; Nichols & Schwartz, 2007 : 26-27). 고무울타리에 빠져 있는 가족은 "가족이니까", "가족을 위해서", "가족이 원치 않으니까" 등으로 가족을 지나치게 우선시하며, 고무가 물 등 외부 물질을 밀어내는 것처럼 외부의 도움이나 영향을 막아선다. 고무울타리는 가족에 대한 헌신, 가족에 대한 사랑으로 포장되며 가족문제를 심화시킨다.

7) pseudomutuality는 거짓 친밀성, 가성 상호성으로 번역되기도 한다. pseudo는 '거짓', '가짜' 혹은 '가성'으로 번역된다. 즉, 거짓 상호성, 거짓 친밀성, 가성 상호성은 번역 용어가 다른 것이지 같은 개념을 가리키는 말이다.

CHAPTER 04

후기 가족상담의 이론적 기초

학습목표

1. 포스트모더니즘 가족상담의 특징을 설명할 수 있다.
2. 구성주의와 사회적 구성주의를 설명할 수 있다.

주요 용어

포스트모더니즘	2단계 사이버네틱스
구성주의	사회적 구성주의

1. 포스트모더니즘

포스트모더니즘이 독자들에게 생소하고 어려울 수 있어 조금 장황하게 시작하여 이해를 돕고자 한다.

1) 이 이야기의 주인공은 바로 너!

우리 인생은 어떤 작가가 있어서 전지적 작가 시점으로 우리 삶에 고난과 시련, 축복과 행복을 구성하는 것이 아니다. 가족이 상담 현장에서 가족상담자가 마치 자신의 마음속에 들어와서 보고 간 것처럼 느낄 때가 종종 있다. 가족상담자가 가족상담 및 가족치료에 관한 전문 기법을 알고 훈련된 전문가이기는 하지만 가족상담자는 가족구성원 인생의 '주체', '주인공'은 아니다. 상담에서 주인공은 언제나 내담자이다.

그럼에도 상담자는 종종 내담자보다 우월한 지위에서 행동하는 것도 사실이다. 많은 내담자들이 상담자가 요술방망이를 휘둘러서 문제를 빨리 해결해 주기를 바라고 있다. 그러나 그러한 상담이 항상 성공적인 것은 아니다. 앞서 상담이 필요한 이유는 스스로 무언가를 잘하고 싶어서, 스스로 잘 해내고 싶어서 도움을 받기 위함이라고 설명한 바 있다. 내담자가 필요한 것은 스스로 요리를 잘할 수 있도록 도와주는 사람이지, 요리 그 자체가 아닌 것이다. 상담에서 내담자는 스스로 요리를 제대로 만들고 싶어서 온 사람인 것이다.

또한 상담자가 모든 것을 다 아는 것이 아니고 상담자도 인간으로서 약점이 있다. 상담자가 가족체계와 접촉을 하는 순간, 즉 내담자와 접촉을 하는 순간 상담자는 전문적인 상담자이자 가족과 동등한 한 명의 참가자로 상담 현장에서 존재하게 된다. 만일 상담자가 모든 것을 다 알고 있고, 모든 것을 다 할 수 있으며, 모든 것이 다 가능하다고 자신만을 믿으라고 한다면 우리는 그 상담자를 신뢰하여서는 안 된다. 그 상담자는 스스로를 과대평가하고 과신하고 있기 때문이다. 상담자는 전지전능하거나 약점이 없기 때문에 상담을 하는 것이 아니다. 상담자는 자신의 약점에도 불구하고 다른 사람들이 스스로 우뚝 설 수 있도록 도와줄 수 있기 때문에 상담을 하는 것이다. 상담자는 우월한 것이 아니라 보다 전문적인 사람인 것이다.

사람은 누구나 편향성을 가지고 있다. 상담자는 상담자, 내담자, 상담에 있어서 편향성을 가질 수 있다. 구조적 상담이론의 미누친이 빈민가의 비행청소년들과 상담을 하면서 발견한 것은 의사소통이론이 제대로 작동하지 않는 것이었다. 미누친은 기존의 의사소통이론에만 치우치지 않고 새로운 방법을 고완했다. 미누친은 빈민가 비행청소년에게 맞는 대안을 모색하였고 가족의 위계를 세우는 구조적 가족상담 기법을 만들었다. 그렇다면 미누친을 어떤 입장의 상담자로 볼 것인가? 미누친은 나름의 성찰을 했고 또한 자신에게 주어진 내담자를 훌륭하게 변화시켰다. 미누친의 방식은 가족상담자가 주도적으로 상담을 이끌어가며, 전문적 지식을 가지고 문제해결책을 내어 놓는 방식이다.

이러한 측면에서 미누친의 이론을 고전적 가족상담이론이라고 할 수 있다. 그러나 이러한 구분이 항상 옳은 것도 절대적인 것도 아니다. 김용태(2009 : 1205)에 의하면, 초기 가족치료, 즉 고전적 가족상담은 사회구성주의의 영향을 받았지만 기본적으로 논리실증주의라는 모더니즘적 시각을 가지고 있었다고 이야기하며 초기 가족치료자들은 모더니즘과 포스트모더니즘의 중간적 위치에 있다고 한다. 여기서 분명히 하여야 할 점은 모더니즘에 기반한 전기 가족상담 이론이나 기법이 포스트모더니즘에 기반한 후기 가족상담 이론이나 기법보다 열등한 것은 아니라는 점이다. 임상에서 가족상담 이론이나 기법은 저마다의 장점이 있다. 가족상담자는 어떤 이론을 옹호하기보다는 내담자가 주인공이 될 수 있도록 가족상담의 이론 및 기술을 유연하게 적용할 수 있어야 한다.

유튜브 활동도 열심히 하고 있으며 스스로 포스트모더니즘 가족상담자라고 이야기하는 다니앤 게하트(Diane Gehart)의 이야기를 들어보자.

다이앤 게하트(2014)는 『가족상담 및 심리치료 사례개념화』에서 스스로는 행동주의를 탐탐치 않게 생각하면서도 자신의 자녀가 문제 행동을 할 때 강화계획이나 일관성 등 행동주의가 유용했다고 밝혔다.

"나는 결코 행동주의를 좋아하지 않았지만, 두 살배기가 히스테릭하게 비명을 지르고 할퀴고 깨무는 상황에서 나는 곧 강화계획과 일관성이 중요하다는 것을 지지할 수밖에 없었다."

행동주의는 강화나 보상 등을 통해서 내담자를 조정하는 행위로 비칠 수도 있다. 그러나 이러한 생각이 오히려 상담자 중심적인 생각일 수 있다. 가족은 현재의 문제 상황에서 빠져나오기를 원한다. 그 문제가 때로는 고착화된 나쁜 행동이나 반응 때문일 수 있다. 이러한 반응 및 행동을 수정하는 데에 행동주의는 도움이 많이 된다. 게하트가 지적한 점이 바로 이러한 점이다. 내담자가 가지고 있는 문제는 다양한 상담이론으로 접근이 가능하며 상담자는 그 문제를 상황에 맞게, 가족에 맞게 적절하게 사용할 수 있어야 한다.

참고로 다이앤 게하트(2014)의 책 『가족상담 및 심리치료 사례개념화 – 이론 및 임상사례 기반의 실제적 접근』은 가족상담의 사례를 다양한 가족이론으로 풀어나가는 방법을 현장감 있게 보여준다. 사례개념화에 관심이 있는 사람이라면 일독을 권한다.

출처 : Diane Gehart(2014), 이동훈 외 역(2021).[1)]

게하트처럼 우리도 상황에 따라서는 행동주의 기법을 사용할 수도 있고, 전략적 가족상담 기법을 사용할 수도 있어야 한다. 그렇다고 해서 포스트모더니즘이 가지고 있는 어떤 규칙이 인간을 대상화하는 것을 벗어나 인간이 주인공이 되고 주체가 된다는 포스트모더니즘을 버리는 것은 아니다.

2) 포스트모더니즘과 가족상담

포스트모더니즘은 모더니즘에 대한 반성으로 나온 사상을 이르는 말이다. 모더니즘은 이성적 사고, 과학적 사고를 강조하며, 객관적 실제에 근거한 사고를 한다. 모더니즘은 기존의 비과학적 사고를 비판하고 과학적 사고의 틀을 마련하였으나, 합리적 이성, 절대적 진리를 강조한 나머지 인간의 주체성을 훼손하는 데 이르렀다. 포스트모더니즘은 절대적 진리를 거부하고 다양성, 다원주의를 주장한다. 포스트모더니즘은 이성을 무기로 한 전문가들의 지배가 아닌 소수자로 취급받는 사람들에 대한 관심 및 주체성 회복을 도모한다(박해용 · 심옥숙, 2013).

모더니즘은 객관적 실재가 존재한다고 믿기 때문에 하나의 진리가 성립할 수 있다. 포스트모더니즘은 주관적 해석을 강조하기 때문에 사람마다 다양한 진리와 해석이 존재한다. 포스트모더니즘에서는 절대적 진리는 존재하지 않으며, 전문가의 이성에 의한 절대적 권위 또한 인정하지 않는다(정문자 외, 2018; Becvar & Becvar, 2013; Nichols & Schwartz, 2007). 포스트모더니즘 입장은 가족상

1) 다이앤 게하트의 책은 788쪽이나 되고 책의 크기도 A4 사이즈로 크지만 내용도 재미있고 유용하여 읽어볼 만하다. 가족상담의 각 이론에 대해서 자세한 설명과 함께, 각 이론별로 임상에서 내담자를 만났을 때 어떤 식으로 상담을 시작하고 과정을 거치는지를 사례로 소개하고 있다.

담 전문가가 객관적 실체에 근거한 판단을 하며, 과학을 무기로 하여 내담자를 객체화하는 것을 거부한다. 포스트모더니즘 입장에 선 가족상담자는 내담자가 자신의 고유한 해석과 이야기를 가지고 스스로 주인공이 되는 삶을 도와주는 역할을 한다.

3) 2단계 사이버네틱스

사이버네틱스를 간략히 말하면 자동조절체계이자 피드백 시스템이다. 앞서 설명한 사이버네틱스는 1단계 사이버네틱스라고 할 수 있다. 그럼 2단계 사이버네틱스란 무엇인가?[2)]

모더니즘 입장에서는, 즉 1단계 사이버네틱스에서는 가족상담자는 가족체계를 외부에서 관찰하며, 가족체계의 기능과 역기능을 판단하고 가족체계에 적합한 제안을 한다. 관찰자로서의 가족상담자와 내담자로서의 가족체계는 서로 분리되어 있으며, 가족상담자는 전문가로서 외부 시각에서 가족체계를 분석한다.

2단계 사이버네틱스는 포스트모더니즘의 입장을 취한다. 체계의 투입－과정－산출에서 가족상담자는 자유롭지 않다. 가족상담자는 내담자 가족체계와 상호작용을 하며, 이는 객관적 관찰자가 아니라 '참여자'로서 자신의 준거 기준에 맞추어 가족을 바라보는 것이다. 1단계 사이버네틱스에서는 가족상담자의 체계와 내담자의 가족체계가 서로 분리되어 있었지만, 2단계 사이버네틱스에서는 가족상담자와 내담자가 서로 피드백을 주고받는다. 가족상담자는 객관적이고 절대적인 가족의 모습을 관찰하는 것이 아니라 가족상담자 자신이 가지고 있는 준거(self-reference)[3)]를 가지고 관찰을 하며 이해를 하는 것이다(정문자 외, 2018 : 307-314; Becvar & Becvar, 2013 : 87-89). 김용태(2009)는 포스트모더니즘과

2) 사실 1단계와 2단계를 구분하는 것이 그다지 쉽지 않고 이해가 어려울 수 있어서 설명을 하지 않으려고도 생각을 했지만, 가족상담자로서 가족상담자가 어떤 위치에 있어야 할까를 성찰하기 위해서는 관련 개념이 필요하기 때문에 이를 간략히 소개하고자 한다.

3) 준거라는 것은 판단의 기준 혹은 평가의 기준이라는 뜻이다. 가족상담자는 스스로 판단의 근거 혹은 판단의 기준을 가지고 관찰을 하며 이해를 한다.

2단계 사이버네틱스에 의한 가족상담이론을 해결중심 가족상담과 이야기 가족상담으로 보고 있다.

2. 구성주의와 사회구성주의

1) 뒤풀이의 존재 이유

참고 뒤풀이

「1」 어떤 일이나 모임을 끝낸 뒤에 서로 모여 여흥(餘興)을 즐김. 또는 그런 일.
「2」 『민속』 강령 탈춤을 끝내고 단오를 지낸 열흘 후 다시 놂. 또는 그런 일.
「3」 『민속』 풍물놀이나 탈춤 따위의 놀이 뒤에 구경꾼들과 함께 춤을 추거나 즐김. 또는 그런 일.

출처 : 국립국어원 표준국어대사전.

뒤풀이는 알고 보면 매우 특이한 모임이다. 이미 주된 모임은 마치고 마무리를 위한 모임이기 때문이다. 뒤풀이는 주로 비공식적으로 진행된다. 뒤풀이로 인해서 모임은 공식적으로 끝나도 끝난 것이 아니다. 뒤풀이는 여흥을 즐기기 위해서 노래나 춤을 곁들이는 경우도 있고, 식사나 차를 하면서 담소를 나누는 경우도 있다. 뒤풀이의 형식은 매우 다양하다.

뜬금없이 뒤풀이를 꺼내든 것은 구성주의와 사회구성주의를 이해하기 위함이다. 우리가 뒤풀이를 하는 이유는 사람들과 더 있고 싶어서도 있지만 우리가 모였던 그 시간을 음미하며, 자기만의 주관을 갖고 이를 사람들과 공유하고 싶어 하기 때문이다. 뒤풀이에서는 저마다 모임에서 있었던 일, 그리고 그 일이 자신에게 어떤 의미였는지를 자연스럽게 나눈다. 어려운 단어를 써서 어렵게 느껴질 수 있지만, 간단하게 말하면 뒤풀이는 모임을 주관적으로 해석하고 모임에 주관적 의미를 부여하는 행위라고 할 수 있다.

뒤풀이에서 늘어 놓는 사람들의 이야기를 들으면 모임이 가져다주는 의미가 사람마다 매우 다름을 알 수 있다. 객관적으로 진행된 모임의 이면에 존재하는 주관성을 확인할 수 있는 자리이다. 뒤풀이는 그 자체로 구성주의적 행위라고 할 수 있다. 구성주의에서 중요한 것은 개인의 해석 또는 의미부여이다.

2) 구성주의와 사회구성주의

종래에 사람들은 동일한 경험을 한다고 생각을 하였다. 그러나 그렇지 않을 수 있다는 것을 시장에 가면 쉽게 알 수 있다. 시장에 오는 사람들은 기본적으로 물건을 사러 온다. 그러나 모든 사람들이 시장을 매매의 장소로만 여기지는 않는다. 어르신들에게 시장은 추억의 장소이자 자신의 일부를 회상하는 장소일 수 있고, 아이들에게 시장은 생동감이 가득한 학습 현장일 수 있다.

구성주의와 사회구성주의는 내담자와 상담자의 주관적 해석과 생각, 즉 구성을 중요하게 생각한다. 외부적으로는 동일한 상황에 대해서도 주관적으로는 서로 다른 생각을 갖는다. 구성주의와 사회구성주의를 구분하자면, 구성주의는 개인의 인지적 과정을 중점적으로 다루며, 사회구성주의는 사회적 상호작용에 의한 인지적 과정을 중심으로 한다. 정문자 외(2018 : 320)는 구성주의와 사회구성주의를 비교하면서 구성주의는 실재를 개인, 즉 '내'가 구성하는 것이라고 한다면, 사회구성주의는 실재는 사회적으로 구성되며 경험도 타인과의 지속적인 상호작용으로 만들어진다고 밝히고 있다.

사회구성주의에 의하면 가족상담은 사회적 상호작용 과정으로 이루어지며, 내담자와 상담자의 협동과정이다. 상담자는 상담과정의 밖에 존재하는 것이 아니라 상담이라는 구조의 한 부분을 차지한다(김용태, 2009; 정문자 외, 2018). 사회구성주의 상담과정에서는 발견되는 의미는 고정된 것이 아니라 상담자와 내담자 사이의 구성에 따라 의미나 내용이 변동될 수 있는 것이다(김유숙, 2005).

02 PART

가족상담이론

CHAPTER 05

정신역동 가족상담

- 정신역동(Psycodynamic) 가족상담, 대상관계(Object Relations) 가족상담

학습목표

1. 정신역동 가족상담의 개요와 기본전제를 설명할 수 있다.
2. 정신역동 가족상담의 주요 원리와 개념을 설명할 수 있다.
3. 정신역동 가족상담의 상담목표와 상담기법을 설명할 수 있다.

주요 용어

대상관계	내면화(내사, 동일시)
방어기제	투사적 동일시
치료관계의 형성	해석
전이와 역전이	

1. 개요와 기본전제

상담의 역사에서 정신분석의 기여는 절대적이다. 지그문트 프로이트는 상담뿐만 아니라 발달에서도 반드시 알아야 하는 인물이 되었다. 초기 가족상담자들의 대부분은 정신분석 훈련을 받은 사람들이었다.

정신분석은 기본적으로 인간 내부의 심층을 다룬다. 인간이 가지고 있는 무의식과 억압 등을 밝히고, 인간이 생존을 위해서 사용하게 된 방어기제를 다룬다. 인간이 방어기제를 통해서 문제를 은폐하고자 하지만 실패를 거듭함을 상담을 통해서 밝히고 이를 해결한다(Clark, 1998; Nichols & Schwartz, 2007).[1] 기본적으로 정신분석의 상담은 개인상담이며 가족을 단위로 다루는 상담은 아니다. 이러한 이유로 가족상담에서 정신역동 가족상담을 다루지 않는 경우도 꽤 있다. 한국사회복지교육협의회에서 나온 『사회복지학 교과목지침서(2015-2016년도 개정판)』의 가족상담 및 가족치료 과목의 목차에 정신분석의 계보를 잇는 정신역동 가족상담은 포함되어 있지 않았다.

그럼에도 불구하고 정신역동 가족상담을 이 책에서 다루는 이유는 정신역동 가족상담의 개념들이 가족을 이해하고 치료하는 데 상당히 유용하기 때문이다. 정신역동 가족상담은 기존의 정신분석과 달리 사람과 사람 사이의 관계를 중요하게 여긴다. 기존의 정신분석은 사람의 내면에서 일어나는 충동, 욕구, 불안, 방어기제 등을 탐구하는 데 집중하였다면, 정신역동 가족상담은 이러한 탐구를 '관계'로 확장하였다(김용태, 1999 : 206-210). 내사 혹은 투사적 동일시, 전이와 역전이 등은 가족상담 현장에서 내담자와 상담과정을 이해하는 데 도움이 될 것이다. 가족상담의 초기에는 개인을 다루는 정신분석 상담은 비중 있게 다루어지지 못했다. 그러나 1980년대가 되면서 정신분석 영역에서 "관계"에 관심이 있는 대상관계 이론이 발달하면서 가족상담에서 정신역동 가족상담에 대한 관심이 올라갔다(Nichols & Schwartz, 2007 : 265-266).

다만, 이 책에서 정신역동 가족상담을 깊이 있게 다루기는 어렵다. 정신역동 가족상담의 기본 개념인 대상관계를 설명하는 책만 해도 이 책의 분량을 훨씬 넘는다. 이 책에서는 정신역동 가족상담과 정신역동 가족상담의 주요 개념에 대한 일차적 이해에 중점을 두고자 한다.

1) 우리의 문제는 어디에 있을까? 마음? 관계?

가족의 문제는 개인의 문제이자 가족의 문제이다. 과거에는 개인을 치료하면 개인이 제대로 기능할 수 있음을 믿었지만, 가족상담자들은 가족에서 일어나는 문제들은 개인이 온전히 기능하더라도 의사소통 방식이라든가 가족의 기

1) 방어기제만이 정신분석 상담의 전부는 아니다. 이해를 돕기 위하여 방어기제를 중심으로 들었을 뿐이다.

능적 구조 때문에 발생할 수 있음을 밝혀냈다. 가족상담자들은 여기서 더 나아가 인간 내부의 깊숙한 무언가를 알지 못해도 의사소통 방식 등을 변화시켜서 문제를 해결할 수 있음을 증명했다. 그러나 여전히 인간의 내적 문제가 중요하다는 사실이 가족상담자들에게 재인식되었다.

가족이 가지고 있는 문제는 과연 어디에 있을까? 개인 정신에 있을 수도 있고 사람들 사이의 상호작용 혹은 관계에 있을 수도 있다. 문제는 사람의 정신이나 사람 사이의 관계는 눈에 보이지 않는다는 것이다.

그동안 축적된 결과는 가족이 제대로 기능하기 위해서는 가족체계의 피드백 방식 등 의사소통 방식이나 구조 등도 개선되어야 하지만, 개인의 성장 또한 중요하다. 개인의 성장은 새로운 경험에 의하여 성장할 수도 있지만 개인이 그동안 발달시켜 왔던 내적 기제들을 해결함으로써 가능할 수도 있다. 또한 개인의 성장은 역사성을 가지고 있다. 개인은 영아기, 유아기, 아동기를 거치면서 발달을 하게 된다. 이때 사람들과 맺은 관계들은 그 이후 개인의 행동양식에 상당한 영향을 끼치게 된다. 유아기 아이가 양육자와 맺은 관계에 따라 자신의 욕구 충족 방식이나 정도가 달라진다(김용태, 1999 : 211-214).

1980년대 가족상담에서 각 이론들을 통합하려고 한 이유가 하나의 이론만으로는 가족을 상담하고 치료하는 데 한계가 있었기 때문이다. 가족상담자는 여러 이론과 기법을 알고, 내담자의 상황에 따라 적절하게 운용할 수 있어야 한다.

2) 기본전제

(1) 인간에게 영유아 시절은 중요하다

프로이트의 세례를 받은 학자들의 공통점 중 하나는 인간에게 있어서 영유아 시절은 성격이나 행동방식을 형성하는 데 매우 중요하다는 것이다. 정신분석의 영향을 받은 학자들은 영유아 시절 발달의 에너지를 성적으로 보든 다른 것으로 보든지 간에 영유아 시절의 경험은 그 이후 대인관계를 지배할 정도로 강력하다는 전제를 대부분 받아들이고 있다.

프로이트를 찾아온 신경병증 환자들은 어린 시절의 경험 속에서 자신의 자와/ 초자아/ 무의식을 발달시켜 왔다. 어린 시절 제대로 발달이 이루어지지 못했던 부분은 환자들이 어른이 된 시점까지 따라다니며 이들을 괴롭혔다.

정신분석에서는 인간의 욕구를 중요하게 생각한다. 인간은 저마다 욕구를 가지고 있다. 어린 시절 그 욕구가 제대로 충족되지 않는다면 인간은 여러 가지 문제를 가지고 살게 된다.

| 그림 5-1 | 정신역동 가족이론의 주요 변화

(2) 인간은 과거에 경험한 관계를 바탕으로 성장한다

대상관계 이론 또한 영유아가 어머니와 맺는 경험에 대해서 이야기를 한다. 정신분석에서는 인간의 내면에 대한 탐구를 주로 하였다. 프로이트 분석을 보면, 아버지도 어머니도 등장하지만 아버지와 어머니는 주인공인 개인의 내면을 어떻게 성장하고 있는지를 보기 위하여 사용되었다. 정신분석 관련 연구가 계속 진행되면서 인간에게 관계의 중요성이 강조되기 시작했다. 인간은 홀로 존재하는 것이 아니라 관계 속에서 자신의 내면을 발달시켜 나가는 것이다 (Nichols & Schwartz, 2007 : 271).

정신분석의 세례를 받은 영국의 학자들은 "대상관계" 이론을 발달시켰다. 샤르프 등(Scharff & Scharff, 1995 : 21)은 영국의 대상관계 이론에 대해서 "유아가 엄마와의 관계에서 겪는 경험이 인격형성의 일차적 구성요소"가 된다고 설명한다. 엄마와 유아가 맺는 관계는 유아의 자기 발달의 동기가 된다는 것이다. 즉, 나라는 자아를 구성하는 구성요소에 유아 시절 양육자와 맺었던 관계가 큰 자리를 차지하고 있다는 것이다.

대상관계 이론은 관계적인 측면을 중요하게 생각한다. 영유아가 내면을 발달시킨 것은 대상, 즉 어머니와의 관계가 결정적이다. 영유아는 어머니의 모습을 내면화하고 이를 통해 자기(self)를 구성한다. 다만, 어머니의 모습은 여러 가지이고, 순수한 사랑의 형태만은 아니며, 완전할 수 없기 때문에 영유아는 어머니의 모습 중 일부를 무의식에 억압해 놓는다.

영유아 시절의 양육자는 유아에게 무척 특별하며 유아는 그 경험을 내면화시키면서 성장한다. 유아의 성장에서 양육자와의 관계는 인생 전반에 영향을 줄 정도로 강력하다.

(3) 실제 대상과 기억 속의 대상은 서로 다르다

유아가 어린 시절의 경험 속에서 만들어 낸 양육자에 대한 생각과 실제 어머니는 다르다. 우리가 첫사랑에 대해서 가지고 있는 기억과 그 첫사랑의 실제 모습이 다른 것처럼 가족구성원이 대상에 대해서 가지고 있는 기억은 실제와 구별되는 내적인 존재이다. 현재 나의 첫사랑에 대한 기억은 나의 관점에서 재구성된 것이다. 내가 현재 가지고 있는 양육자의 모습이 실제와는 다른 내 관점에서 재구성된 것이며, 이는 실제의 모습을 지니고는 있지만 실제와는 다른 모습인 것이다. 이 점이 정신역동 가족상담의 특별한 지점이다.

유아가 내면에서 가지고 있는 대상(내적 대상)과 외부에 존재하는 실제 그 대상(외적 대상)은 차이가 있다. 유아는 외적 대상을 그대로 받아들일 수 있을 정도로 성숙하지 못하다(Scharff & Scharff, 1995 : 22).[2] 유아는 양육자의 여러 측면을 자신의 성숙 수준에서 받아들인다. 유아가 받아들인 양육자의 모습은 실제의 모습이 아니라 유아에 의해 창조된 모습이다.

2) 이는 유아의 문제만은 아니다. 저자를 포함한 다수의 어른들도 대상을 그 모습 그대로 받아들이는 것은 매우 어려운 과업이다. 있는 그대로를 받아들일 수 있다면 내면의 갈등 중 상당 부분을 해결할 수 있을 것이다. 유아의 경우는 발달단계상 대상을 받아들이는 데 있어 어른에 비해 성숙하지 못한 모습을 가지고 있는 것도 분명하다.

2. 주요 원리와 개념

1) 대상관계

대상관계 이론은 대상관계를 통해서 자기를 정립해 가는 과정에 대한 이야기라고 할 수 있다. 대상관계란 개인의 내적 세계와 다른 사람과의 관계적 측면을 아우르는 개념이다. 영유아 시절에 영유아에게 중요한 인물과의 관계가 내면화된 것을 말한다. 어린 시절 맺었던 관계들은 그 이후 사람들과의 관계를 맺는 기본전제 또는 양식이 된다(김혜숙, 2012 : 84; Nichols & Schwartz, 2007 : 271-272; Scharff & Scharff, 1995 : 21). 이는 유아가 대상관계를 통해서 자기 자신을 정립하고, 자기 자신이 다른 사람과 맺는 관계와 관계의 방식을 결정하게 된다는 것이다. 대상관계는 영유아 시절의 경험의 중요성을 강조함과 동시에 그 영향력이 성인기 이후에도 지속적으로 영향을 준다는 점에 주목한다.

대상이란 영유아가 갖는 사랑, 미움 등 감정의 대상이 되는 것으로 사람뿐 아니라 사물이나 장소 등도 될 수 있다(Hamilton, 1990 : 22). 아이가 태어나서 제일 먼저 만나는 대상은 어머니로 정신분석에서 어머니는 매우 특별한 존재로 취급된다. 어머니가 아이의 중요한 대상이 되는 것이다. 대상관계에서는 어머니뿐만 아니라 양육에 참여하는 아버지나 친척도 중요한 존재로 생각하고 있다(Scharff & Scharff, 1995). 어머니, 아버지, 친척 그 누구든 아이의 어린 시절에 아이에게 중요하게 여겨졌던 사람이 그 아이의 내면을 형성하는 데 중요한 영향을 끼치며, 아이는 그들과의 관계를 내면화시키고, 그 이후의 삶에서 관계를 맺을 때 기본전제 혹은 양식으로 삼는다는 것이다.

대상관계를 기반으로 한 이론에서는 어린 시절 경험이 그 이후에까지 지속된다는 점에서 프로이트를 필두로 하는 정신분석 이론의 영향을 받았다고 할 수 있다. 그러나 인간의 내적인 측면만이 아니라 관계적 측면을 강조하는 점에서 대상관계 이론은 고전적 정신분석 이론과 차이가 있다.

페어베언(Fairbairn, 1963 : 224)에 의하면, 대상은 흥분시키는 대상(exiting object), 거절하는 대상(rejecting object)과 이상적 대상(ideal object)로 나뉜다. 흥분시키는 대상은 영유아의 욕구나 욕망을 충족시켜 주는 대상으로 자칫 채워지지 않는 극도의 갈망이나 충동으로 이어진다. 아이는 욕망을 때때로 채울 수가 없다. 아이가 욕망을 채울 수 없을 때 아이는 거절을 당했다고 생각할 수 있고 양육자를 거절하는 대상으로 받아들인다. 거절하는 대상은 화남이나 슬픔 등 부정적인 감정을 일으킨 대상으로 유아는 이를 받아들이기 힘들기 때문에 거절하는 대상이라는 생각을 억압한다. 이상적 대상은 아이를 지지하고 양육하는 모습이다. 흥분시키는 대상과 거절하는 대상은 열탕과 냉탕과 같다. 대상관계에 문제가 생기면 자칫 잘못하면 극도의 갈망이나 사랑이라는 열탕과 분노와 절명이라는 냉탕을 오가게 된다. 즉, 상대방을 흥분시키는 대상에서 거절하는 대상으로, 거절하는 대상에서 흥분시키는 대상으로 번갈아 가며 인식하게 되는 것이다. 영유아는 이상적 대상을 의식에 남기기 위하여, 불만족스러운 자아인 거절하는 대상과 흥분시키는 대상은 무의식에 자리 잡게 된다(Scharff & Scharff, 1995 : 40-51).

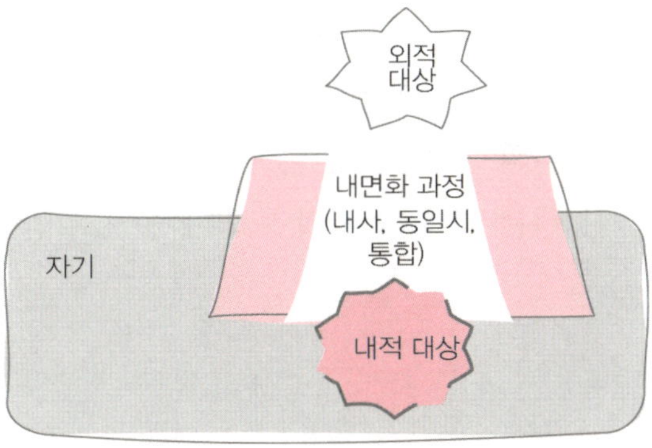

| 그림 5-2 | 내면화 과정의 도식화

2) 내면화

어릴 적 양육자가 충분한 보살핌을 영유아에게 주지 못한다면 영유아는 충분한 보살핌을 주지 못한 양육자를 내면화하며, 내면화의 결과는 성인기까지 악영향을 미친다(Griffin & Greene, 1999). 내면화는 내재화라고 번역되기도 하는데, 새로운 대상을 내적으로 받아들여 자기화시키는 기제를 말한다. 아이는 외적 대상인 엄마를 내면화 과정을 통해서 내적 대상으로 만들고 이 내적 대상은 자신의 자아의 한 부분이 되는 것을 말한다. 여기서 내적 대상으로의 엄마는 외적 대상의 일부분만(실재하는 엄마의 좋은 점, 나쁜 점 중 한쪽만)을 받아들인 것이다. 내면화가 중요한 이유는 어렸을 적에 이루어진 내면화는 이후의 삶에서 사람들을 만날 때 기준이 되기 때문이다. 잘못된 내면화는 지속적으로 인간관계에 문제를 일으킬 수 있으며, 이는 가족에게 역기능을 불러일으킨다(Hamilton, 1990; Scharff & Scharff, 1995).

3) 내 사

내사(內射; introjection)는 외부의 무언가를 내 안으로 받아들이는 것으로 자아를 형성하는 과정이다. 다시 말하면 내사는 자신의 마음에 비친 대상의 모습을 자신의 것인 양, 자신인 양 받아들이는 것이다(Hamilton, 1990; Scharff & Scharff, 1995). 내사는 창문 밖의 풍경이 거울에 비칠 때, 마치 거울에 비친 모습을 자신으로 생각하는 것에 비유할 수 있으며, 무심코 다른 사람의 생각이나 행동을 나 자신의 생각이나 행동으로 받아들여 따라 하는 것이다. 아이는 내사를 통해서 양육자의 모습을 자신의 모습으로 받아들인다. 아이는 엄마를 내사를 통해 흥분시키는 엄마, 거절하는 엄마, 이상적인 엄마 등으로 받아들인다(Scharff & Scharff, 1995).

4) 동일시

동일시는 내사로 받아들인 것을 자기에게 융합시켜 그 대상과 자신을 일체화시키는 과정 또는 경향이다(Hamilton, 1990; Nichols & Schwartz, 2007). 아이가 어머니의 모습을 흉내 내는 것을 넘어 자신과 융합시켜 버린 것이 동일시이다. 동일시를 통해서 양육자의 모습이 자신의 모습이 되며, 양육자의 행동양식이 스스로의 행동양식이 된다.

5) 방어기제

방어기제는 자아를 괴롭게 하는 생각에 대해서 스스로를 방어하기 위하여 만들어 낸 대처방식이다(Clark, 1998). 대표적인 방어기제는 부인, 전치, 동일시, 투사, 합리화 등이다. 방어기제가 항상 나쁜 것은 아니다. 방어기제는 자기를 보호하기 위한 것으로 일정한 기능을 하고 있다. 문제는 방어기제 그 자체가 문제를 방치하거나 문제해결을 어렵게 할 수 있다는 것이다. 예를 들어, 아래서 살펴볼 '투사'의 경우, 자신의 생각을 다른 사람에게 뒤집어씌우기 때문에 자신은 자신대로, 오해를 받은 상대방은 상대방대로 기분이 좋지 않게 된다. 이러한 대처는 인간관계를 악화시키고, 문제에 대한 오해를 일으켜 문제해결을 방해한다.

6) 투사적 동일시

투사적 동일시(projective identification)란 자신의 측면을 다른 사람에게 투사하고 그 투사된 측면을 자신과 동일시하는 것을 의미한다. 즉, 되먹임을 통해서 자신을 강화하는 것이다.

투사적 동일시를 이해하기 위해 먼저 투사가 무엇인지 알아보자.

'투사(投射; projection)'는 자신이 느끼는 감정이나 생각 등을 마치 다른 사람이 자신에게 하는 양 전가하는 것이다(Hamilton, 1990). 투사는 프로젝터를 생각하면 이해가 쉽다. 프로젝터는 영상을 화면에 쏘는 전자장치로 회의실 등에서 많이 쓰인다. 발표자가 발표를 위해 화면 앞으로 가면, 프로젝터에서 나오는 영상이 발표자에게 비친다. 프로젝터에서 노란색 영상이 나오다면 발표자는 노랗게 보일 것이다. 발표자가 노란 것은 발표자의 색깔이 노랑이어서가 아니라 프로젝터가 노란색을 비추고 있기 때문이다. 투사에서 프로젝터는 내담자이고, 발표자는 내담자의 투사의 대상이 되는 상대방이다. 프로젝터인 내담자는 자신의 모습을 상대방에게 투영한다. 즉, 자신의 노란색을 상대방에게 투영하는 것이다. 만일 자신이 상대방에게 분노를 가지고 있다면 상대방이 자신에게 분노를 가지고 있다고 주장하는 것이다. 다시 말하면 자신이 적대적 감정을 발표자에게 가지고 있으면서 오히려 발표자가 적대적 감정을 가진다고 생각을 하는 것이다. 투사를 방어기제로 사용하는 사람은 그 감정을 자신이 용납하기 어렵기 때문에 다른 사람에게 자신의 감정을 전가한다(Clark, 1998 : 127). 책임을 떠넘기는 것이다. 투사를 당하는 사람은 종종 이렇게 반응할 수 있다. "나는 너를 그렇게 생각하지 않아. 오히려 그건 네가 나에게 느끼는 감정이야."

투사적 동일시는 자신의 감정이나 태도 등 일부를 다른 사람에게 투사를 한다. 자신이 대상에게서 느끼는 감정을 대상에게 투사한 후(예를 들어, 엄마에게 두려움을 느끼면 엄마에게 두려움을 투사하고), 투사된 대상이 자신에게 갖고 있을 것이라고 생각한 감정(여기서는 두려움)을 엄마가 자신에게 느낀다고 생각을 하며, 그 생각을 자신의 생각으로 다시 받아들인다. 투사적 동일시에는 긍정적 투사적 동일시와 부정적 투사적 동일시가 있다(Hamilton, 1990 : 129-145; Scharff & Scharff, 1995 : 52-56). 복잡해 보이지만, 자기 자신의 감정을 투사한 후, 그 감정을 다시 받아와서 자신과 동일시한다. 투사적 동일시에서는 감정 자체가 돌고 돌면서 더 강해질 가능성이 높아진다.

3. 상담목표와 상담기법

1) 치료목표

(1) 억압의 인식과 수용

내담자는 과거의 경험을 통해서 생겨난 여러 가지 억압에 의해 고통을 받고 있다. 정신역동에서 치료목표는 이러한 억압을 인식하고 자기 자신을 수용하는 것이다. 즉, 갈등과 저항의 근원이 어떻게 생성되었는지를 찾아보고 이를 해결해 나가는 것이다(최규련, 2012; 최연실 외, 2020; Griffin & Greene, 1999; Nichols & Schwartz, 2007). 대상관계에서 불만족을 일으키는 대상은 흥분시키는 대상과 거절하는 대상으로 나뉜다. 어린 시절 무의식으로 억압했던 이들 대상에 관한 기억들이 내담자를 괴롭힐 수 있다. 억눌려 있던 무의식적 욕구를 인식하고 이러한 욕구에 대해서 내담자가 받아들이는 것 자체가 치료의 목표가 되는 것이다.

(2) 성숙한 방어기제 사용

현실적인 고통 앞에서 인간은 방어기제를 사용하게 된다. 방어기제는 앞서 밝혔듯이 자기를 보호하기 위한 대처방식이다(Clark, 1999). 문제는 이 대처방식인 방어기제가 오히려 문제를 일으킬 수 있다는 것이고, 정신역동 가족상담에서는 현재 문제가 되는 방어기제를 보다 성숙한 다른 대처방안으로 변경하는 것을 포함한다.

방어기제가 다 똑같은 것이 아니라 미성숙에서 성숙까지 단계가 있다고 한다(Vaillant, 1977, Clark, 1999 : 18 재인용). 성숙한 방어기제에는 승화, 이타주의 등이 있다. 일반적인 방어기제는 관계에 악영향을 끼치며, 문제를 미봉하고 병리적 현상을 일으킨다. 일반적으로 방어기제를 미성숙한 혹은 잘못된 대처방안이라고 할 수 있다. 반면에 승화나 이타주의 등은 성숙한 대처방안이라고 할 수 있다.

잘못된 방어기제를 사용하는 내담자는 문제를 해결하기 어렵기 때문에 잘못된 방어기제를 사용하였음을 인식하고 그동안 잘못 형성된 패턴 혹은 양식을 고치는 것이 필요하다. 상담자는 내담자의 방어기제를 다룰 때 조심스럽게 접근해야 한다. 방어기제는 내담자에게 익숙한 대처방안인데 이를 처음부터 지적하면 상담자와 내담자 사이가 붕괴되고 상담이 종료될 수 있기 때문이다(Clark, 1999).[3)]

3) 아서 J. 클락(Arthur J. Clark)의 『방어기제를 다루는 기법』(김영애 외 역, 김영애가족치료연구소 출간)은 방어기제에 관심이 있는 사람이라면 읽어볼 필요가 있는 책이다. 이 책에서는 방어기제에 대한 전반적인 설명은 물론, 여러 방어기제가 상담 현장에서 어떻게 나타나고, 그 방어기제를 어떻게 다루어야 하는지를 상담자와 내담자의 대화를 전개하는 방식으로 설명하고 있다.

2) 치료기법

(1) 치료관계의 형성 : 경청과 공감적 이해

돈을 내고 상담을 받으러 온 경우에도 자신의 이야기를 하는 것은 쉽지 않다. 정신역동 가족상담의 경우, 자신이 어렸을 적으로부터 가지고 있던 욕구 또는 대상과 관련한 경험들을 치료과정 속에서 이야기를 해야 하는데, 이는 어려운 일이다.

정신역동 가족상담자는 우선 내담자와 치료관계를 잘 설정하는 것이 필요하다. 내담자는 가족상담자를 믿을 수 있어야 한다. 즉, 상담자와 내담자 간에 신뢰관계가 형성되어 있어야 한다(김지영 · 박선영, 2022).

치료관계 형성을 위해서 많이 사용되는 기법으로 경청과 공감적 이해를 들 수 있다.

경청은 이야기를 주의 깊게 듣는 것이다. 상담자는 경청을 할 때, 이야기의 행간에 숨어 있는 의미를 파악한다(Griffin & Greene, 1999). 상담자는 인내심을 가지고 가족들이 하는 대화를 "끝까지 듣고 이해하려는" 자세를 가져야 한다(김용태, 1999 : 261).

공감적 이해는 가족이 하는 말에 귀를 기울이고, 가족의 생각과 감정에 언어와 비언어적인 공감을 표시하며, 가족의 생각과 감정을 이해하기 위하여 노력하여야 한다(김용태, 1999; 김지영 · 박선영, 2022).

경청과 공감적 이해를 바탕으로 가족의 욕구를 탐구하고 가족이 사용하는 방어기제에 대한 정보도 얻을 수 있다.

(2) 해석

해석이란 가족이 왜 그렇게 생각하고 행동하였는지를 가족과 함께 이해하고 통찰하는 것이고, 가족의 현재의 행동과 대상관계 등을 연결시켜 파악하는 것이다. 해석을 통하여 의사소통과 행동 뒤에 숨어 있는 의미를 파악할 수 있으며, 방어기제의 구체적 모습도 이해할 수 있다. 방어기제와 관련하여 상담자는 가족에게 방어기제 사용을 '직면'하게 할 수도 있다(김용태, 1999; 최규련, 2012; Griffin & Greene, 1999).

(3) 전이와 역전이

전이(transference)란 내담자가 어떤 대상에게 품었던 생각을 상담자에게 느끼는 것으로, 상담자와 그 대상을 유사하게 생각하여 나타나게 된다(Scharff & Scharff, 1995 : 73, 130-140).[4] 예를 들어, 상담자가 자신의 아버지 혹은 어머니와 닮았다면 과거 아버지와 어머니에게 느꼈던 감정을 상담자에게 느낄 수 있는 것이다. 부정적 전이란 자신이 대상에게 느끼는 부정적 감정을 상담자에게 전이하는 것이다(Hamilton, 1990 : 293).

역전이(countertransference)는 전이와 반대로 상담자가 내담자에게 느끼는 감정으로 상담자가 내담자에게 영향을 주는 행위이다(Becvar & Becvar, 2013 : 163; Hamilton, 1990 : 319-320; Scharff & Scharff, 1995 : 73-74). 다시 말하면 역전이는 상담자가 자신이 느끼는 감정을 내담자에게 나타내는 것이다.

상담자는 전이와 역전이를 효과적으로 사용하여 내담자가 가지고 있는 대상관계의 모습을 알아낼 수 있다. 즉, 내담자가 가지고 있는 감정이 어디서 온 것인지, 그리고 그것을 어떻게 하면 효과적으로 다룰 수 있는지를 전이와 역전이를 사용하여 탐구해 나갈 수 있다.

4) 넓은 의미에서 전이는 내담자가 상담자에게 느끼는 전반적인 감정을 뜻하기도 한다.

CHAPTER 06

보웬의 다세대 가족상담

학습목표

1. 보웬의 다세대 가족상담의 개요와 기본전제를 설명할 수 있다.
2. 보웬의 다세대 가족상담의 주요 원리와 개념을 설명할 수 있다.
3. 보웬의 다세대 가족상담의 상담목표와 상담기법을 설명할 수 있다.

주요 용어

자기분화	삼각관계
핵가족의 정서체계	가족투사과정
다세대 전수과정	사회적 정서과정
가계도	과정 질문
나-입장	코칭

1. 개요와 기본전제

가족은 인류의 역사와 함께하는 제도이다. 생물학적으로 한 번도 끊임없이 이어져 내려와서 현재의 내가 존재하는 것이다. 가족구성원 모두는 인간으로서 인간이 가지고 있는 그리고 동물과 공유하고 있는 여러 특징을 가지고 있으면서도 그 가족이 만들어 낸 그리고 그 가족의 부모 세대와 그 부모의 부모 등 윗세대가 가지고 있던 '그 무언가'도 같이 가지고 있다.

보웬(Bowen)은 조현병 내담자와 그 가족을 연구하면서[1] 조현병이 단지 그

1) 참고로 조현병으로 문제를 겪고 있는 가족구성원이 모두 영화나 드라마에서처럼 심각한 상태는 아니다. 당연

세대만의 문제가 아닌 세대를 거쳐 내려온 문제라는 점을 발견하였다. 보웬은 여러 내담자를 만나면서 조현병의 강도가 낮은 경우에도 조현병이 중증인 경우와 동일한 기제를 가지고 있음을 알았다(Nichols & Schwartz, 2007). 내담자의 상태를 면밀히 조사해 보면, 내담자의 상태의 원인은 내담자의 어머니, 아버지, 그리고 그 어머니/ 아버지의 아버지/ 어머니 등으로 거슬러 올라갈 수 있다는 점이다.

보웬은 내담자와 어머니 간의 관계뿐만 아니라 아버지와의 관계 또한 내담자의 상태에 영향을 미치며, 이러한 영향은 세대를 거쳐 누적된 결과라고 보았다. 다세대 상담에서는 기존의 관점과 다르게 가족을 하나의 단위로 보고, 내담자뿐만 아니라 아버지, 어머니, 그리고 그 아버지와 어머니의 부모나 형제자매까지, 다시 말하면 내담자 부모의 원가족(原家族)[2]까지 상담의 범위를 확대한다.

보웬은 가족을 개인과 별도로 분석을 해야 할 하나의 정서체계로 본 것이다.

1) 기본전제

가족은 자연적으로 발생된 정서체계이자 하나의 단위이다.[3]

벡베르 등(Becvar & Becvar, 2013)은 보웬의 이론을 자연체계이론이라고 부르고 있다. 보웬의 다세대 가족상담이론이 어떤 교재에서는 제일 뒤쪽으로 순서가 밀려 있는 경우도 이와 비슷한 이유에서다. 보웬은 "일반체계이론"과는 다르게 가족이 "자연적"으로 형성되었다고 믿었으며, 자연계의 변화를 통해서 가족체계를 설명하고자 한다(Kerr & Bowen, 1988 : 38-39). 보웬의 정서체계도 자연계 생물이 가지고 있다고 믿어지는 정서체계−감정체계−지적체계를 반영한 것이다.

한 말이지만 어떤 사람은 그 정도가 아주 약한 경우도 있고 어떤 사람이든 그 정도가 아주 강한 경우도 있다.

2) 출가하거나 입양되기 이전의 원래 가족(출처 : 국립국어원 우리말샘. https://opendic.korean.go.kr/)

3) 학자들이 때로 동일한 용어를 다른 한국어로 번역하여 사용하고 있다는 점에 유의하여야 한다. 보웬을 소개하는 상당수의 교재들이 emotion을 '정서'로, feeling을 감정으로 번역하지만, emotion을 '감정'으로, feeling은 '느낌'으로 번역하고 있다(김용태, 1999 : 327).

보웬이 환자를 치료하는 과정에서 가족이 하나의 단위임을 알게 되었다(Kerr & Bowen, 1988 : 19). 내담자와 어머니와의 관계만이 문제라고 생각했는데 그 외 가족원들도 모두 그 문제와 관련있었던 것이다. 이렇게 되면 가족구성원 누구 하나만을 따로 상담한다고 해서 문제가 제대로 해결되기가 어렵다. 가족이 하나의 단위라는 것은 가족구성원이 서로 상호작용하면서 영향받음을 뜻한다.[4)]

2) 개별성과 연합성 : 따로 또 같이

가족은 닮는다고 한다. 가족구성원은 한 사람 한 사람을 놓고 보면 각자의 고유함을 가진 존재이다. 아버지, 어머니, 자녀는 모두 개별성을 가지고 행동한다. 그러면서도 가족구성원은 가족이라는 관계를 맺고 가족체계에 순응하려고 한다. 서로 원인과 결과가 되어 영향을 끼친다. 가족체계에서 가족구성원은 개별성과 연합성을 같이 가지고 있다. 개별성이 '따로'라면, 연합성은 '같이'이다.

케르와 보웬(Kerr & Bowen, 1988 : 81)에 의하면 개별성과 연합성은 일방향이 아닌 상호작용하면서 정서체계를 작동시킨다. 개별성이 독립적이고자 하는 힘이라면 연합성은 타인에 순응 또는 의존하고자 하는 힘이다. 가족관계의 안정성을 강화하기 위하여 연합성을 지나치게 강조하면 개별성은 낮아진다. 너무 끈끈해진 가족은 서로에게 부담이 된다. 다른 생활이 없이 오로지 가족생활만 있다고 한다면 가족은 서로에게 불만 또는 불안감을 갖게 된다. 개별성과 연합성은 자기분화를 설명하기 위하여도 사용된다.

같이만 강조하면 가족구성원은 제대로 발전할 수 없다. 가족이 서로에게 지나치게 간섭한다면, 예를 들어 아버지나 어머니가 자녀에게 지나치게 간섭한다면 혹은 정서적으로나 행동적으로나 '같이'하도록 한다면, 자녀는 아버지나 어머니로부터 벗어나고자 여러 가지 행동을 할 것이다.

4) 사티어의 경우에는 가족이 서로 이어져 있고 연결되어 있음을 시연하기 위하여 줄(rope)로 가족을 묶는 시연방법을 사용하기도 하였다(Griffin & Greene, 1999 : 166).

2. 주요 원리와 개념

1) 자기분화(자아분화)

자기분화(Differentiation of Self)란 가족과 자기 자신을 정서적으로 분리하는 것이다(Kerr & Bowen, 1988 : 25-26).

자기분화가 높은 경우 개별성이 강화되지만, 자기분화가 낮은 경우에는 다른 사람에 대한 기대를 높이고 이는 서로에 대한 속박으로 작용하면서 불안감을 증대시킨다.

초보운전자가 자동차 운전을 배울 때, 핸들을 너무 많이 조작하는 경우가 있다. 자동차는 핸들이 움직이는 방향을 따라 휙휙 움직이게 된다. 매우 불안한 운전을 하는 것이다. 자기분화가 잘되지 않았을 때, 정서반사행동이 커지며 이는 가족에게 여러 가지 문제를 가져온다(김용태, 1999 : 331).

2) 분화척도

분화척도란 가장 낮은 분화척도를 0, 가장 높은 분화척도를 100으로 표현하여 원가족과의 정서적 분리를 측정하는 척도다(Kerr & Bowen, 1988 : 124). 가족과 자신이 연합되어 있어 개별성이 전혀 없다면 분화척도가 0이 나올 것이고, 그 반대라면 분화척도는 100으로 나올 것이다. 분화척도는 이론적인 것으로 실제 어떤 사람은 이러니까 몇 점하고 정확한 숫자로 표현하지는 못한다. 분화가 낮을수록 감정에 의해 지배를 받으며, 분화가 높을수록 다른 사람이나 불안한 상황에 좌우되지 않고 다른 사람과 관계를 잘 맺을 수 있다.

분화척도 점수가 낮으면 만성 증상을 보이거나, 여러 상황으로부터 빠져나오는 데 오래 걸린다. 반면 분화척도 점수가 높을수록 불안한 상황에서도 대처를 잘하며 목표지향적 활동을 할 수 있다.

인간은 누구나 스트레스를 받으며 여러 가지 사건을 겪게 된다. 자기분화 수준이 높은 사람의 경우에는 이러한 충격들이 온다고 해도 충격에 영향을 약하게 받고, 빨리 회복될 수 있다. '헤어 나오지 못한다'라는 표현이 있는데 분화척도가 낮은 경우, 스트레스 상황에서 대처하지 못하고 '헤어 나오지 못할' 가능성이 크다.

3) 기본분화와 기능분화

자기분화에는 기본분화와 기능분화가 있다. 기본분화와 기능분화 모두 자기분화를 말하는 것이지만, 약간의 차이가 있다. 기본분화는 원가족으로부터 정서적으로 분리된 정도를 의미하는 데 비해서 기능분화는 실제의 관계 속에서 자기분화가 나타나는 정도를 의미한다. 실제 기본분화가 높다고 하더라도 현재의 상황이 좋지 않다면 기능분화의 수준은 낮을 것이다.

예를 들어, 빠르게 달릴 수 있는 자동차라도 도로 여건이 좋지 않거나, 운전자가 피곤하다면 빠르게 달리기는 쉽지 않다. 자동차가 가지고 있는 기본 수준을 기본분화라 한다면, 현재 여러 상황 속에서 나타나는 현재 수준은 기능분화라고 할 수 있다. 운동선수는 기본 운동 역량을 가지고 있지만, 컨디션에 따라서 그리고 경기장 분위기에 따라서 일반적인 기본 역량보다 잘할 수도 있고 못할 수도 있다. 그 선수가 "자기 역량을 120% 발휘했다"라고 표현하는 것은 실제 "기능"이 나타난 정도를 "기본"에 비추어 평가한 것으로 볼 수 있다.

4) 정서적 융합과 정서적 단절

자기분화가 잘되었다고 할 때, 이는 다른 사람과 관계를 끊어버렸다는 것이 아니고 오히려 자기와 타인을 잘 이해하고 관계를 잘 맺는 상태라는 점에 유의할 필요가 있다. 정서적 융합과 정서적 단절의 개념을 알면 이를 쉽게 이해할 수 있다.

정서적 융합이란 자기분화가 잘되지 않은 미분화 상황을 의미한다. 다른 사람과 자기를 분리하지 못하기 때문에 만성 불안에 시달리게 된다. 정서적 단절은 정서적 융합의 또 다른 표현 형태라고도 볼 수 있다(Kerr & Bowen, 1988 :

121, 109). 정서적 단절은 미분화된 가족들이 관계를 단절하고 거리를 두는 것으로 건강한 관계를 유지하지 못한다(Griffin & Greene, 1999 : 141).

5) 삼각관계

삼각관계란 세 명의 가족구성원이 서로 맞물려 상호작용을 하는 체계로 정서체계에서 가장 작고 안정된 단위이다(Griffin & Greene, 1999 : 141; Kerr & Bowen, 1988 : 167). 케르와 보웬(Kerr & Bowen, 1988 : 168)에 따르면 삼각관계는 제3자가 불안을 낮추는 기능을 하여 2인 관계보다 융통성이 높으며 안정적이라고 한다.

가족에 불안이 증가하면 갈등을 느끼는 사람이 제3의 인물을 끌어들여 그 갈등을 해소한다. 이렇게 되면 둘 사이의 갈등은 낮아진다. 문제는 그 가운데서 희생양이 생기는 것이다(최연실 외, 2020 : 123). 모자간의 갈등을 해결하기 위하여 어머니가 아버지를 끌어들인다면, 모자간의 갈등은 부자간의 갈등으로 나타나게 된다.

6) 핵가족 정서체계

핵가족 정서체계란, 핵가족이 정서적으로 연결되어 있는 강도를 나타낸다. 원래는 미분화된 가족 자아 덩어리(undifferentiated family ego mass)라는 표현으로 사용되었다. 정서적으로 미분화된 남편과 부인이 결혼을 한다고 해서 자기분화를 잘 이루고 적절하게 기능을 하기는 어렵다. 남편과 아내는 정서적으로 융합된 상태가 되며 서로가 서로에게 밀착하고, 불안이 생긴다. 자신의 욕구를 가족에게 투사하고 가족 간의 충돌이 많이 일어나게 된다(김용태, 1999, 최연실 외, 2020; Becvar & Becvar, 2013; Nichols & Schwartz, 2007).

가족에게 정서적 거리감/ 부부 갈등/ 배우자 역기능/ 자녀 역기능이 발생하게 된다. 정서적 거리감은 무시하거나 갈등을 일부러 피하는 것을 말하고 부부 갈등은 부부가 격렬하게 서로에게 반응을 하며 갈등하는 것을 말한다. 배우자 역기능이나 자녀 역기능은 배우자나 자녀가 역기능 상태에 빠져 질병이 나타나는 등의 문제가 생기는 것을 뜻한다(Griffin & Greene, 1999; Nichols & Schwartz, 2007).

7) 가족투사과정

가족투사과정은 가족이 불안을 다루기 위하여 가족구성원 간에 생긴 불안을 그 가족구성원이 아닌 다른 가족구성원에게 표출, 즉 투사하는 것을 말한다(김용태, 1999; Becvar & Becvar, 2013). 예를 들어, 남편과 아내가 부부간에 생긴 불안 때문에 갈등 관계에 놓일 수 있다. 이때 남편은 아내가 아닌 아들 혹은 딸에게 화를 내는 등 갈등 관계를 표출한다. 아들 혹은 딸은 부모의 이러한 갈등 해결 방식, 즉 가족투사과정을 학습하게 되고, 이것이 좋지 않다는 것을 인식해도 그 틀대로 행동을 하게 된다.

가족투사과정이 중요한 이유는 부자/ 부녀/ 모자/ 모녀 간 갈등, 즉 부모－자녀 갈등이 부모－자녀 간 문제가 아닌 부부간 문제에서 시작되었다는 점이다.

8) 다세대 전수과정

앞서 살펴본 자기분화가 충분히 이루어지지 않는다면 가족투사과정은 대를 이어서 분화 정도가 낮은 가족을 계속 만들어 내게 된다. 다세대 전수과정은 세대를 이어 만성적 불안이 전달되는 것으로 만성적 불안과 함께 이 만성적 불안을 해결하기 위한 잘못된 방법들이 계속 전달되는 과정을 말한다. 다세대 전수과정을 통해 보면, 현재 가족이 가지고 있는 역기능은 현재의 가족만이 문제가 아니라 그 가족의 원가족, 그 원가족의 원가족 시절부터 이어져 내려온 문제 때문으로 세대를 거듭할수록 문제는 심각해진다(김용태, 1999; 최연실 외, 2020; Becvar & Becvar, 2013; Nichols & Schwartz, 2007).

다세대 전수과정에서 유의할 것은 다음과 같다. 첫째, 현재 가족의 문제는 현재 가족의 문제만이 아닌 여러 세대에 걸쳐 내려오면서 강화된 문제다. 둘째, 원가족으로부터 분가를 해서 산다고 해서 전수과정이 진행되지 않는 것은 아니다. 미분화된 가족구성원이 다른 사람을 만나 결혼과 같이 새로운 가족을 이루었을 때에도 미분화된 상태 그대로이기 때문에 다른 사람과 정서적 융합 관계를 형성하고, 원가족이 가지고 있던 문제를 재현하게 된다. 셋째,

세대를 거듭하게 될수록 미분화정도가 심해지며, 조현병 등 문제가 심하게 나타난다.

9) 사회적 정서과정

사회적 정서과정이란, 가족 내에서 이루어지는 정서과정이 사회에서도 일어나는 것을 말한다. 사회에서도 불안을 처리하기 위하여 정서적 융합 관계가 나타나고, 다른 구성원이나 집단에 투사를 하는 식의 문제가 발생하며, 사회문제가 심각해진다. 또한 사회적 정서과정에서 생긴 불안이나 스트레스는 가족에게 다시 영향을 주게 된다(김용태, 1999; 최연실 외, 2020; Becvar & Becvar, 2013; Nichols & Schwartz, 2007).

3. 상담목표와 상담기법

1) 치료목표

보웬은 자기분화의 정도가 낮은 경우에 삼각화 등 문제를 발생시킨다고 보았다. 보웬의 치료목표는 자기분화 수준을 높이고 삼각관계로부터 벗어나는 것이다(최규련, 2012; Griffin & Greene, 1999 : 138). 가족이 자기분화 수준을 높이지 않는다면, 일시적으로는 문제가 해결된다고 생각하여도 다시 문제가 발생한다. 자기분화 수준이 낮을 때 새로운 사람을 만난다고 해도 정서적 융합, 삼각관계, 가족투사과정 등이 그대로 나타날 수가 있다.

유의할 점은 분화수준을 높이는 것은 가족체계 수준에서 이루어져야 한다는 점이다(김용태, 1999; 최규련, 2012; 최연실 외, 2020). 보웬의 다세대 가족상담에서는 문제의 핵심을 개인보다 가족으로 보고 있다. 가족이 가지고 있는 불안을 해소하고, 그동안의 역기능적인 삼각관계를 벗어나서 가족이 온전히 기능하게 된다면 개인의 분화수준은 높아질 것이다. 또한 불안을 다세대 전수하는 것에서도 벗어나게 될 것이다.

보웬의 다세대 가족상담에서는 증상의 내용보다 자기분화 정도나 삼각관계 등 가족정서체계에 보다 집중한다는 점에 유의하자(정문자 외, 2018).

2) 치료기법

(1) 가계도

가계도[5)]는 여러 세대에 걸친 전수과정을 이해하는 데 핵심적인 도구이다. 여러 세대에 걸쳐 내려온 문제들이 강화되었는지, 감소되었는지를 파악할 수 있고, 가족체계가 개인에게 어떻게 작용을 하고 있는지도 볼 수 있다. 가계도는 가족이 겪어온 역사를 한눈에 알 수 있어 여러 이론의 가족상담에서 사용하고 있다. 다만, 각 이론의 특징에 따라 가계도에서 중점적으로 다루는 내용이나 기호는 다를 수 있다.

보웬의 다세대 가족상담을 위한 가계도에서는 가족의 불안이나 큰 사건들이 표현될 수 있고 가족투사과정도 누가 누구에게 향하고 있는지를 바로 파악할 수 있도록 표시한다. 이러한 과정을 통해서 현재의 문제는 현재만의 문제가 아니고, 현재의 핵가족이 겪고 있는 문제는 남편과 부인 각각의 원가족의 문제와 밀접하게 관련이 있음을 볼 수 있다. 같이 살지 않아도 세대를 거쳐 내려온 불안이나 그에 대한 대처방식, 예를 들어 가족투사과정이 가족에게 문제를 일으키고 있음을 볼 수 있다.

5) 가계도는 가족사정에서 많이 쓰이는 기본 도구이다. 여러 가족상담 접근법에서 가계도를 활용하고 있다. 다만, 각각의 가족상담이론에서 가계도를 사용하는 방식이나 기호 등은 다소 차이가 있다. 조금 더 자세한 내용은 제13장 가족사정에서 다루고 있다.

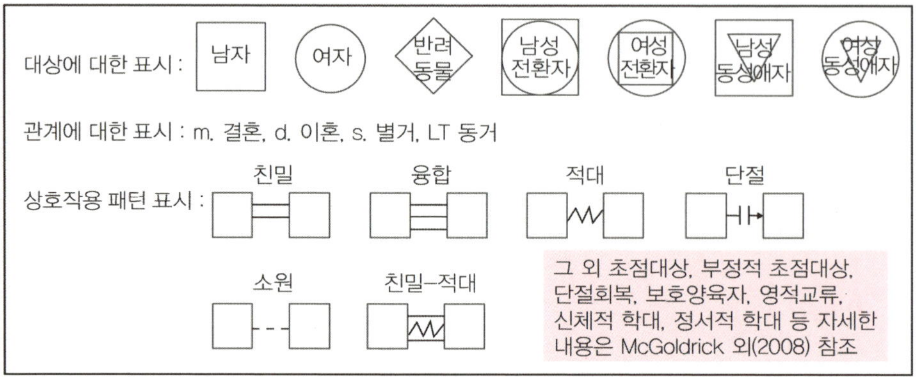

| 그림 6-1 | 가계도 기호

출처 : 이영분 외 역(2011), p. 4 일부 발췌.[6)]

(2) 과정 질문

과정 질문은 가족들이 맺고 있는 관계가 어떤 과정으로 이루어지고 있는지를 탐색하는 질문이다(정문자 외, 2018; 최연실 외, 2020; Nichols & Schwartz, 2007). 과정 질문은 문제의 내용이 아닌 과정에 맞추어 진행된다. 니콜스와 슈와르츠(Nichols & Schwartz, 2007 : 150)은 과정 질문을 "마법의 탄환"이라고 부를 정도로 보웬 다세대 가족상담자들에게 중요한 치료기법이다. 보웬의 다세대 가족상담에서는 가족체계의 정서과정이 중요시되기 때문이다. 과정 질문은 내담자의 정서 반응을 낮추는 효과도 있다(정문자 외, 2018 : 167).

질문은 "만약 A가 OO을 한다면 어떻게 생각하십니까?", "만약 A가 OO을 한다면 어떻게 하시겠습니까?", "만약 A가 OO을 한다면 당신의 역할은 무엇입니까?" 등으로 이루어진다.

(3) 나-입장

'나-입장'은 다른 사람이 아닌 자신의 입장을 갖도록, 즉 다른 사람에 의존하

6) 맥골드릭 등(McGoldrick et al., 2008)의 『가계도 : 사정과 개입』(이영분 외 역, 학지사, 2011년 발간)은 가계도의 개념은 물론 가계도가 어떻게 임상현장에서 사용되는지를 예시와 함께 보여준다. 다양한 가계도의 예시를 통해서 가계도의 활용성을 엿볼 수 있는 책이다. 또한 발췌하여 수록한 기호 외에도 중독 등 질병을 나타내는 기호라든가, 입양자녀의 표시를 위한 기호나 방식 등도 수록되어 있어, 현장에서 가계도를 많이 사용하는 가족상담자가 숙지하면 좋은 책이다.

는 것이 아닌 분화된 자신을 파악할 수 있도록 하는 질문이다(정문자 외, 2018; Nichols & Schwartz, 2007).

나-입장을 표현할 때, 다른 사람의 생각보다는 나의 생각을 말하는 것으로 상대방의 잘못보다는 나의 느낌을 말하는 것이다. 나-입장 표현은 다른 사람을 비판하면서 생기는 문제를 막고, 내담자의 주체성을 강화할 수 있다(이희세 외, 2017 : 125; 정문자 외, 2018 : 168; 최연실 외, 2018).

(4) 코칭

코칭은 가족구성원이 스스로 기능을 할 수 있도록 조언을 해주는 기법으로 상담자가 내담자에게 직면, 해석, 과제부여 등을 통해서 이루어진다. 이때 코칭은 무언가 지시하고 감독하는 것이 아니라, 내담자를 지지하고 지원하며 조력하는 것이다. 코칭에서 상담자는 되도록 중립을 유지하여야 한다(이희세 외, 2017 : 124; 정문자 외, 2018 : 167; 최연실 외, 2020 : 130; Nichols & Schwartz, 2007 : 153).

"To Be Continued"는 [나]의 선택!

[오늘의 책]

Kerr, Michael E. & Bowen, Murray(1988). 『보웬의 가족치료이론(Family Evolution)』. 남순현 · 전영주 · 황영훈 역(2005). 학지사.

보웬은 가족을 하나의 체계로 분석을 할 수 있다고 믿었으며, 가족을 어떻게 체계로 분석할 수 있는지를 이 책을 통해서 자세히 다루었다. 이 책의 원제목은 "Family Evaluation"으로 가족평가 내지 가족분석으로 번역할 수 있다. 이 책에서는 가족을 왜 체계로 보아야 하는지와 그 특징을 자세하게 쓰고 있다. 특히 가족의 정서체계에 대한 통찰을 바탕으로 가족이 가지고 있는 "개별성과 연합성", "자기분화", "만성 불안", "삼각관계", "핵가족 정서체계", "다세대 정서과정" 등을 자세히 설명하고 있다. 보웬의 이론에 관심이 있거나 개인상담과 가족상담이 가지고 있는 근본적인 차이가 무엇인지를 알아보고 싶은 독자라면 꼭 읽어볼 것을 추천한다. 번역본은 2005년에 출간되었음에도 불구하고 거의 20년이 지난 지금까지 팔리고 있는 스테디셀러이기도 하다.

이 책을 통해서 보웬의 사상을 이해할 수 있으며 보웬의 가족치료이론을 친숙하게 자신의 것으로 만들 수 있을 것이다. "To Be Continued"는 이 글을 읽는 [나]의 선택이다.

CHAPTER 07

미누친의 구조적 가족상담

학습목표

1. 미누친의 구조적 가족상담의 개요와 기본전제를 설명할 수 있다.
2. 미누친의 구조적 가족상담의 주요 원리와 개념을 설명할 수 있다.
3. 미누친의 구조적 가족상담의 상담목표와 상담기법을 설명할 수 있다.

주요 용어

가족구조	하위체계
경계선	연합, 우회연합, 삼각관계
합류하기	실연
재구조화	구성

1. 개요와 기본전제

건강한 가정은 구조에 있지 않고 기능에 있다는 것이 가족학자들의 신념이다(조희금 외, 2013 : 42).[1] 이때 가족의 구조는 아버지, 어머니, 자녀와 같은 가족상의 위치로 만들어지는 형태상의 구조이다. 구조적 상담이론에서 다루는 구조는 이런 형태상의 구조와는 전혀 다르며 오히려 기능에 가까운 구조이다. 예를 들어, 한부모가족의 경우 형태상의 구조를 중요시하는 입장에서는 재혼을 하거나 재결합을 하여 한부모가 아닌 양부모가 되도록 강조할 수 있다. 부부가

1) 조희금 등(2013 : 28-44)의 건강가정론에서는 가정의 건강성에 대한 다양한 논의를 진행하고 있다. 가정의 건강성에 관심이 있는 독자라면 해당 부분을 찾아서 읽어볼 것을 권한다.

서로 역할을 분담하고 아버지 역할, 어머니 역할을 해야 자녀가 올바로 자랄 수 있으며, 가족이 화목하게 지낼 수 있다는 것이다. 그러나 이러한 형태적 구조 중심적인 입장은 현대의 다양한 가족에 대해 제대로 이해하지 못하고 있다는 비판을 받는다. 어떠한 형태를 가진 가족이라도 그 가족이 제대로 기능을 한다면 건강할 수 있다.

미누친이 창시한 구조적 가족상담에서는 형태상의 구조가 아닌 기능상의 구조를 다룬다. 가족구성원은 부부로서의 기능을 하기도 하고, 부모의 기능이나 형제자매의 기능 등을 수행한다. 이들 기능을 수행하는 하위체계들이 제대로 기능하도록 하위체계들의 경계나 위계질서를 변화시키는 것이 미누친의 이론이다. 미누친이 말한 구조는 가족 간의 상호작용이 일어나는 구조를 말한다. 미누친은 가족상담을 통해 가족이 가지고 있는 가족체계의 구조인 경계나 위계, 규칙을 변경한다면 가족문제가 충분히 해결될 수 있음을 경험하였다.

미누친은 가족체계의 기능을 '구조'라는 이름으로 강조한다. 이런 연유로 라이터(Reiter, 2018 : 269)는 구조적 가족치료를 밀란(Milan)의 체계적 가족치료와 함께 체계론적 가족치료로 묶었다. 미누친은 가족의 체계적 속성을 강조하기 위해서 '홀론(Holon)'이란 독특한 표현을 사용하기도 한다. 미누친의 홀론은 그리스어의 전체 holos에 부분을 나타내는 on을 결합하여 만든 용어이다(Minuchin & Fishman, 1981 : 29). 가족구성원은 그 자체로 전체이기도 하고 가족의 구성원으로서 부분이기도 하다.

1) 구조가 문제가 된다

옷을 잃어버린 사람에게 필요한 것은 옷을 잃어버린 이유를 알아보는 것보다 지금 입을 옷이다. 미누친은 오빠의 죽음으로 슬퍼하는 60대 미망인과 대화하면서 "껍질을 잃어버렸다"고 알려주었다. 미망인은 과민반응으로 시달리고 있었고 입원을 해야 하는 상황이었다(Minuchin & Nichols, 1993 : 61-63). 이 일화는 가족치료 그 자체는 아니지만, 가족치료가 가지고 있는 전제를 보여준다.

미누친의 구조적 가족치료는 내면만큼이나 인간이 살아가고 있는 '가족'이라는 맥락이 중요함을 보여준다. 가족은 '옷'처럼 가족원을 보호하기도 하지만, 잘못하면 가족에게 끊임없는 상처를 준다. 또한 문제를 가족 개개인의 문제로 치환한다.

구조가 문제가 된다는 것이 중요한 이유는 개인에게 찍혔던 낙인을 일부나마 제거할 수 있기 때문이다. 개인의 심리나 행동을 이야기하는 미시적 차원의 이론들 중 상당수는 개인에게 문제의 원인이 있음을 지적한다. 직선적 인과론적 관점은 이해하기도 쉽고 파악하기도 쉽기 때문에 이러한 관점은 절대적인 것으로 받아들여지곤 한다.

반면 순환적 인과론은 선뜻 이해하기도 어렵고 파악하기도 어렵다. 우리는 시간의 흐름 속에서, 과정 속에서 살아가고 있으며, 그 과정은 일정의 패턴을 만들고 구조를 만들어 내지만, 우리의 시각은 시간의 흐름을 거슬러 인지할 수 있을 정도로 폭넓지 않다.

구조를 파악한다는 것은 "우리 아이가 문제예요"라고 묻기 전에 가족체계를 성찰하고 누구를 비난하는 것을 멈추고 그 문제가 왜 계속 끈질기게 가족체계에 달라붙어 있는지를 파악하는 것이다.

역사는 상호작용 속에서도 발견된다. 미누친(Minuchin과 Nichols, 1993 : 86)은 니콜스와 같이 집필한 『미누친의 구조적 가족치료 가족치유』에서 가족의 역사를 따로 조사하지 않는다면서 그 이유를 가족치료의 과정 속에서 가족이 상호작용을 하게 되는데, 가족의 상호작용에 가족의 역사가 녹아들어 있기 때문이라고 밝히고 있다. 미누친이 중요하게 생각하는 것은 가족의 상호작용이고, 이는 가족의 역사를 통해서 형성된 것이다.

친구나 직장동료가 가족이나 연인에게 통화를 하는 것을 들으면 친구가 생소하게 보이는 경우가 있다. "내가 알던 그 사람이 맞나?" 인간이 가지고 있는 상호작용은 그 사람의 삶이 녹아들어 있다. 특히 가족과의 의사소통 내지 상호작용은 장기간에 걸쳐서 형성된 것으로 가족상담에서 중요한 실마리가 된다.

미누친이 가족치료를 하던 시기에는 상담자들이 내담자의 내면을 탐색하기 위하여 노력하였고 가족은 간과하는 경우가 많았다. 내담자가 무의식적으로 가지고 있던 억압과 그로 인한 방어기제와 현재의 증상을 연결하기 위하여 상당한 주의와 노력을 기울였다.

미누친은 가족이 주는 영향력을 가족구성원끼리의 상호작용을 통해서 파악하려고 하였다. 이를 통해 가족이 가지고 있는 특정 사람이 문제라는 신념을 부정하고 가족이 새로운 곳으로 나아갈 수 있도록 하였다. 구조주의 가족상담에서 문제해결은 가족이 가지고 있던 그동안의 상호작용과 그 상호작용을 일으키고 있던 구조를 재정립하는 것이다. 미누친은 가족과 상호작용하며 치료하는 모습을 일면경[2)]을 통해 동료 상담자가 관찰하고 기록하며 가족이 가지고 있는 구조와 상호작용을 통해서 가족의 문제와 그 해결점을 찾으려고 하였다.

2. 주요 원리와 개념

1) 가족구조

가족구조는 가족의 상호작용 양식이다. 가족의 상호작용은 일정한 패턴을 형성하는데, 미누친은 이를 가족구조라고 개념화하였다. 가족구조는 가계도에서 나와 있는 가족 '조직'에 대한 것이 아니라 가족들이 어떤 식으로 상호작용하는지를 보여주는 것이며, 가족의 기능을 양식화한 것이다(Becvar & Becvar, 2013; Nichols & Schwartz, 2007).

부부가 가사노동에 대해서 하는 대화나 부모-자녀가 외출에 대해 하는 대화 등이 가족구조를 반영하는 것이다. 예를 들어, "이 쓰레기를 치워요."라고 하는 말에 배우자는 어떻게 반응을 할 것인가?

2) 일면경(一面鏡)은 밖에서는 안을 들여다볼 수 있지만, 안에서는 밖이 보이지 않는 거울이다. 상담실에 설치된 일면경 너머로는 방이 있어서 상담의 진행과정을 관찰하고 기록할 수 있다.

가족구조는 한 번 형성되면 잘 바뀌지 않지만, 항상 변화의 압력을 받게 된다(이희세 외, 2017). 출산, 진학, 취업, 질병, 사고 등 인생의 많은 사건들은 가족이 변화할 수밖에 없는 압력을 만든다.

미누친의 구조적 가족상담에서 구조는 중추적인 역할을 한다. 구조주의 가족상담의 개념 중 상담수가 구조를 파악하거나 구조의 특성이나 형태를 기술하기 위한 것이다.

2) 하위체계

하위체계는 가족체계에 포함되어 있는 부분의 체계로 가족 전체가 아닌 일부 구성원들이 만든 체계이다. 하위체계는 하위체계만의 의사소통 방식이나 규칙 등을 가지고 있다. 가족이 가지고 있는 주요 하위체계는 부부하위체계, 부모하위체계, 형제하위체계, 부모자녀하위체계이다(이희세 외, 2017; 최연실 외, 2020; Becvar & Becvar, 2013).

이들 하위체계는 특정한 역할 및 의사소통 방식을 가지고 있다. 문제는 이들 하위체계가 경직이 되어서 특정한 역할이나 의사소통 방식을 고수한다면, 그 가족은 문제를 적절하게 해결하지 못하여 가족 역기능 상태에 빠지게 된다.

(1) 부부하위체계

부부하위체계는 부부가 같이 만들어가는 하위체계이다. 부부는 가족이 유지되기 위한 수많은 과업을 해결해야 하고 과업을 누가 어떻게 해결할지에 대해서 조정과 협상을 해야 한다(최규련, 2012; Becvar & Becvar, 2013 : 206). 전통적 성역할에 의하든 그렇지 않든 간에 서로 역할을 나누고 이를 조정해야 하는 일은 필수적이다. 부인이 직장에서 야근 혹은 회식을 하고 들어와야 할 때, 남편은 부인의 역할을 보완해야 한다. 이를 보완성 내지 상보성이라고 한다(이희세 외, 2017; 최연실 외, 2020).

(2) 부모하위체계

부모하위체계는 자녀가 생기면서 부모의 역할을 하기 위한 체계이다. 부모하위체계가 잘 작동하기 위해서는 부와 모가 서로를 지원하고, 과업이나 역할을 조정하는 것이 필요하다. 문제는 부모는 부모로서 자녀를 양육하고 사회화하는 역할을 수행해야 하는데 부부가 지식이 서로 다르거나 방식이 서로 다를 수 있고, 부모는 사회에서나 가족에서나 많은 역할과 과업을 수행해야 한다는 점이다(이희세 외, 2017; 최규련, 2012; 최연실 외, 2020; Becvar & Becvar, 2013).

미누친은 자신의 저서에서(Minuchin & Nichols, 1993 : 105) 자신과 아내가 서로 양육 방식에 대한 차이가 있었다고 한다. 미누친은 아내가 지나치게 허용적이라고 느꼈고, 미누친의 아내는 미누친이 너무 지배적이라고 느낀 것이다. 미누친의 이러한 경험은 부모의 취약점과 실수를 수용하는 하나의 계기가 되었다.

미누친의 구조적 가족상담에는 부모가 소유하는 권위를 강조하는 경우가 많다. 미누친은 상담 현장에서 부모가 자녀에 대한 지도에서 무기력하게 방임하는 것을 보고, 아이들을 부모가 통제해야 한다고 생각을 하였다. 그러나 미누친은 지나치게 지배적이고 통제적인 경우 또한 문제가 있다고 생각한다. 미누친이 추구한 것은 무기력하거나 권위적인 부모가 아닌 권위 있는 부모이다(Minuchin & Nichols, 1993).

(3) 형제하위체계

형제하위체계는 동일한 세대로 이루어지며, 다양한 사회적 활동이 이루어진다. 형제들끼리는 협력과 경쟁을 하며, 서로를 이해하고, 스스로를 보호하는 등 동등한 관계에서 이루어지는 상호작용 형태가 주가 된다(이희세 외, 2017; 최규련, 2012; 최연실 외, 2020; Becvar & Becvar, 2013).

우리는 형제하위체계가 자녀하위체계가 아닌 점에 주목할 필요가 있다. 부모-자녀 간에 하기 힘든 다양한 형태의 실험이 시도된다(Becvar & Becvar, 2013 : 206). 형제는 동등한 사이지만 형제들 사이에서도 출생순위에 따른 역할이 부여되어, 이는 어른이 되어도 유지가 되기도 한다(최연실 외, 2020).

(4) 부모자녀하위체계

부모자녀하위체계는 서로 다른 세대의 구성원으로 구성된다. 부모 세대와 자녀 세대는 적절하게 균형을 이루고 상호작용하여야 한다. 만약 아버지 혹은 어머니 한쪽과 자녀가 융합된다면 가족 역기능을 일으킬 것이다. 특히 한부모 가족에서 부모의 역할을 자녀가 대신한다면,[3] 가족 내 역할상의 혼란이 생기며 가족 역기능을 일으킬 수 있다(이희세 외, 2017; 최규련, 2012). 부모에게는 적절한 권위가 필요하다고 한다(정민자 외, 2018).

3) 경계선

체계에는 외부와 구분되는 경계가 있음을 앞서 다루었다. 경계란 가족체계를 외부로부터, 하위가족체계를 가족체계와 구분 짓는 가족의 상호관계 혹은 규칙을 의미한다(Becvar & Bechvar, 2013).

(1) 명확한 경계선

명확한 경계선이란, 경계선이 분명히 보이지만 그 경계선이 경직되어 있지는 않아 융통성이 있는 경계선이다. 즉, 가족에는 규칙이 분명히 있지만, 그 규칙은 상황에 따라 변할 수 있다.

(2) 경직된 경계선

경직된 경계선은 가족끼리 떨어져서 고립된 경우를 의미한다. 경직된 경계선에서는 서로를 도움이 되는 존재로 인식하지 않고 타협이나 조정이 잘 이루어지지 않게 된다. 부모가 자녀에게 충분한 애정을 주지 않고, 자녀 또한 독립적이다(정문자 외, 2018; 최연실 외, 2020; Becvar & Becvar, 2013).

3) 이러한 현상을 '부모화'라고 부르기도 한다.

(3) 모호한 경계선

모호한 경계선은 가족 간의 경계가 불명확하여 지나치게 융합되거나 함께 하는 경우다. 가족은 서로에게 지나치게 헌신적이고 서로를 위하여 시간을 많이 보낸다. 자녀는 부모에게 지나치게 의존적이 될 수가 있다(정문자 외 : 2018; 최연실 외, 2020; Becvar & Becvar, 2013).

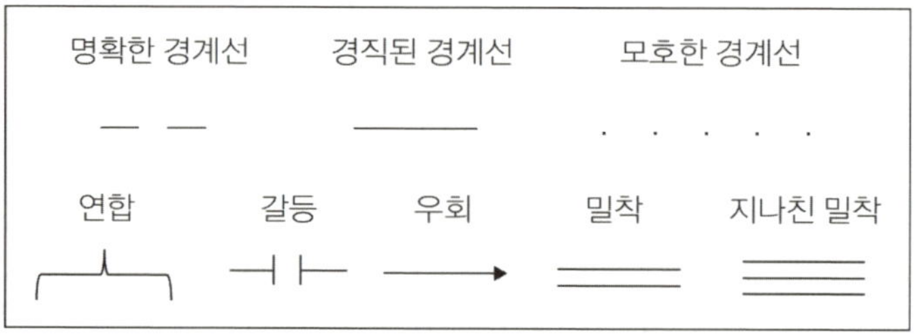

▌그림 7-1▐ 경계선의 종류 및 특징

출처 : Nichols & Schwartz(2007), p. 209.

4) 경계선으로 인한 가족 역기능

미누친은 가족치료의 과정에서 경계선의 투과성 조절, 즉 경계선이 너무 경직되지도 않고 모호하지도 않게 하는 것이 필요하다고 한다(Minuchin & Fishman, 1981 : 173). 구조적 가족상담에서 경계선은 상황에 따라 적절하고 유연하게 반응하여야 한다. 가족의 역기능은 경계선을 통해서 표현할 수 있다.

5) 기능적 경계선의 침범

기능적 경계선의 침범은 자녀가 부모역할을 하는 등 부모와 자녀의 경계선을 침범하는 경우로, 부모화라고도 하는 역기능이다(김용태, 1999 : 174; 최연실 외, 2020 : 172; Nichols & Schwartz, 2007 : 209). 부자가 연합하여 어머니를 소외시키거나 모자가 연합하여 아버지를 소외시키는 식으로 나타난다.

6) 연 합

연합은 소외의 또 다른 말이다. 가족 역기능으로서의 연합은 가족구성원이 서로 연합하여 다른 가족구성원을 소외시키기 때문이다(김용태, 1999 : 174; 최연실 외, 2020 : 172).

7) 우회연합과 삼각관계

우회연합은 가족구성원 간에 갈등이 생겼을 때, 그 갈등을 회피하는 수단으로 다른 가족구성원과 연합을 형성하는 것이다(김용태, 1999 : 176). 예를 들어, 부부간의 갈등이 생겼을 때, 부 또는 모가 자녀와 연합하여 갈등을 해결하는 것으로 부자가 혹은 모자가 정서적으로 밀착된다.

삼각관계는 우회연합과 유사하나 아버지와 어머니 모두 자녀를 자신의 연합으로 끌어들이려고 하는 것이다(김용태, 1999 : 176-177; 최연실 외, 2020 : 174). 자녀는 아버지와 어머니의 관계 속에서 희생양이 된다(Nichols & Schwartz, 2007 : 209).

3. 상담목표와 상담기법

1) 치료목표

구조적 가족상담에서는 가족의 문제가 가족이 맺고 있는 상호작용의 구조 때문에 발생한다고 보기에 구조를 변화시켜 증상을 없애는 것을 치료목표로 삼는다(정문자 외, 2018 : 237; Griffin & Greene, 1999 : 24). 다시 말하면 구조적 가족상담의 목적은 가족구성원 간, 그리고 하위체계 간의 관계를 재설정함으로써 가족이 겪고 있는 증상과 문제를 해결하는 것이다. 구조적 상담에서는 가족상담이 시작된 계기가 되는 지목된 내담자(IP : Identified Patient)[4]만이 문제

4) 가족상담 현장에서는 "우리 애"가 이러저러한 문제를 가지고 있어 해결하기 위해 오는 것을 쉽게 볼 수 있다.

를 일으키는 원인이라고 보지 않고, 부모/ 자녀/ 형제 등도 문제 원인 제공자라고 본다. 다만, 지목된 내담자가 그 문제를 가족 내에서 표현하고 있는 것이다.

2) 치료기법

위와 같은 치료목표를 달성하기 위해서는 가족구조를 파악하고, 그 구조를 재구조화하는 단계를 거쳐야 한다. 미누친은 가족이 가지고 있는 기존의 규칙을 변형시키기 위하여 치료자의 중요성을 강조하며, 특별히 합류를 강조하고 있다. 미누친은 치료자가 가족에게 합류(joining)한 후에 가족의 변화를 위하여, 가족이 인지하고 있는 증상에 대한 다른 시각을 갖도록 하고, 가족구조를 변경하도록 하며, 현재 문제가 되는 현실을 대안적이며 가족이 변화 가능한 현실로 변화시키도록 돕는다(Minuchin & Fishman, 1981). 이러한 치료기법은 ▌그림 7-2▐ 에 도식화되어 있다.

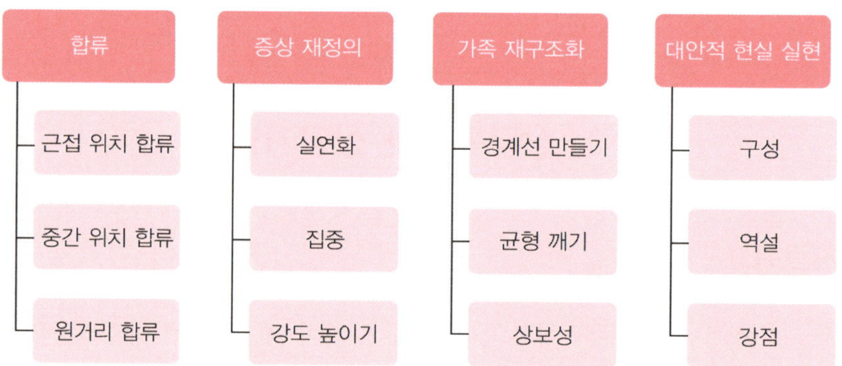

▌그림 7-2▐ 미누친의 구조주의 가족상담 치료기법

출처 : Minuchin & Fishman(1981) 재구성.

이때 "우리 애"가 바로 지목된 환자 혹은 지목된 내담자(IP)이다. 그러나 많은 경우 "우리 애"만이 문제가 아니라 가족이 가지고 있는 구조가 문제가 된다. 다시 말하면 지목된 환자뿐만 아니라 가족구성원 모두가 내담자가 되어야 하는 것이다. 버지니아 사티어는 IP가 주는 부정적 이미지를 없애기 위하여 IP라는 용어 대신에 스타(Star)라는 용어를 사용하며 지목된 내담자를 가계도에서 표시를 할 때, 별을 내담자 주위에 두르는 등의 행동을 한다.

3) 합류하기

합류란 상담자가 내담자 가족으로 들어가 내담자 가족과 동반자 관계를 형성하는 것을 말한다. 상담자는 가족구성원 모두가 자신들이 존중받고 있다는 것을 느끼게 해야 한다(김용태, 1999 : 182; 최연실 외, 2020 : 180; Nichols & Schwartz, 2007 : 212). 미누친은 합류를 "기술보다는 태도"라고 이야기 한다(Minuchin & Fishman, 1981 : 49). 상담자는 자연스럽게 가족 내로 스며들어야 하고 지도자이자 참여자로 상담을 이끌어가야 한다.

상담자가 합류하기 위해서는 내담자와의 거리에 따라 근접 위치, 중간 위치, 원거리에 따라 적절한 기법을 활용하여 가족에게 합류할 수 있다(Minuchin & Fishman, 1981 : 50).

(1) 근접 위치에서 합류 : 긍정하기

근접 위치에서 합류하기는 상담자가 가족구성원과 관계를 형성하며 참여하는 것이다. 긍정하기는 상담자가 합류 시에 취할 수 있는 기법 중 하나이다. 상담자는 가족구성원이 가진 긍정적인 면을 긍정해 줌으로써 가족이 문제를 새롭게 볼 수 있게 한다. 긍정하기는 내담자 가족구성원이 비판을 받지 않고 있다는 느낌을 주는 기법으로 내담자의 자존감을 높여준다(Minuchin & Fishman, 1981 : 50-51).

근접 위치의 합류를 통해, 상담자는 가족에게 친근한 존재로 다가갈 수 있고, 가족이 스스로를 개방할 수 있도록 도울 수 있다.

(2) 중간 위치에서 합류 : 추적하기

중간 위치에서도 상담자는 가족에 참여할 수 있다. 편파적이지 않고 중간 위치를 지키는 것으로 추적 기법을 사용하여 정보를 모은다. 어느 누구의 편을 들지 않고 가족구성원의 말을 경청하고, 말로 표현되지 않는 의사소통 등을 관찰한다. 상담자의 추적은 단순하게 정보를 수집하는 것을 넘어서 가족이 새로운 행동을 찾을 수 있도록 돕는 것이다(Minuchin & Fishman, 1981 : 51-58).

중간 위치의 합류는 가족에 대해서 많은 정보를 수집할 수 있으며, 추적하기를 통해서 새로운 가능성까지 모색할 수 있다.

(3) 원거리에서 합류

원거리에서 합류는 상담자가 전문가로서 가족을 이끌어가고 가족에게 실연(enactment)을 하고 상호작용을 하도록 이끌면서 지도적 위치를 확보하는 것이다(Minuchin & Fishman, 1981 : 58). 원거리에서 합류는 상담자를 단순한 경청을 하는 존재가 아니라 변화를 촉진하는 존재로 인식시킬 수 있다.

4) 증상 재정의하기 : 증상에 대한 인식을 변화시키기

미누친의 구조적 상담이론에서는 가족이 생각하는 것처럼 증상의 원인이 한 가족구성원에게 집중되어 있다고 보지 않는다. 가족이 변화하기 위해서는 기존의 자신들의 가족 상호작용 및 그 상호작용의 밑에 깔려 있는 문제를 인식할 필요가 있으며, 이것이 증상을 재정의하는 과정이다. 증상을 가진 사람은 가족이 현 상태를 유지하기 위해서, 다시 말하면 가족항상성을 유지하기 위해서(Minuchin & Fishman, 1981 : 91) 그런 증상을 갖고 있었던 것이다. 증상에 대한 새로운 인식은 가족이 변화해야 할 필요성을 느끼게 되고 그 변화를 수용하는 출발점이 된다.

증상 재정의하기는 ① 실제 가족 교류상황을 가족이 직접 해보는 실연, ② 상담에서 치료와 관련성 있는 정보들이 무엇인지를 결정하고 결정된 종류의 정보에 집중하는 초점, ③ 가족이 드러난 증상 관련 인식을 무시하지 않도록 반복해서 말하거나 구성원이 앉아 있는 위치를 바꾸게 하거나 가족의 개입 요구에 따르지 않는 등 가족구조의 문제를 인식시키는 메시지를 강화하는 강도로 구성된다(Minuchin & Fishman, 1981 : 97-168).

5) 실 연

실연은 미누친이 "치료자 앞에서 가족이 춤추도록 요청하는 기술"이라고 정의한 기법이다(Minuchin & Fishman, 1981 : 97). 여기서 춤은 진짜 춤이 될 수도 있겠지만 보통은 가족이 상호작용하는 방식을 실제로 해보는 것이다. 실연이란 그 문제가 되는 가족구성원의 상호작용이나 행동을 그대로 해보는 것이다. 상담자는 상담 현장에서 현재 다루고 있는 상황에 대해서 실제로 가족이 행동하며 의사소통하도록 한다.

실연은 실제의 행동이기 때문에 양질의 정보를 풍부하게 제공하며, 상담자와 가족원의 치료관계 형성을 촉진하고, 가족이 가지고 있던 기존의 관념을 성찰하게 하며, 가족이 상황에 대한 맥락을 살펴보고 대안을 모색할 수 있도록 한다(Minuchin & Fishman, 1981 : 106).

6) 가족 재구조화하기 : 가족구조를 변화시키기

현재의 문제를 인지하고 그 변화의 필요성을 인지했다면, 가족이 구조를 변화시킬 차례다. 가족구조라는 것은 가족규칙을 포함해서 가족이 상호작용하고 교류하는 방식이라고 할 수 있다.

가족지도는 가족의 위치와 거리를 보여주기 위해서 연합이나 갈등, 우회 등 다양한 행동을 표시한다(Minuchin & Fishman, 1981 : 94).

가족지도를 통해 나타난 문제를 해결하기 위하여 구조적 가족상담자들은 ① 가족경계선을 상황에 맞게 구축하는 경계선 만들기, ② 가족이 현 상태로 유지하기 위하여 일부 가족 간의 연합 등을 무너뜨리기 위해 제휴나 무시, 대항 등을 사용하는 균형 깨기, ③ 가족이 어느 한 사람이 문제라고 생각하는 것에서 벗어나 가족 전체 맥락을 이해하고 가족 소속감을 강화하는 상보성과 같은 기법을 사용한다(Minuchin & Fishman, 1981 : 169-238).

구조적 가족상담은 가족의 상호작용이 일어나는 패턴과 가족 하위체계 간 위계를 중요하게 생각한다. 가족구조를 극명하게 나타내는 것은 경계선으로,

경계선을 변화시킨다는 의미는 가족구조를 변화시킨다는 것과 크게 다르지 않다. 그러나 가족은 여러 가지 방식으로 변화에 저항을 한다. 경계선 만들기, 균형 깨기, 상보성과 같은 기법은 저항하는 가족을 변화시키기 위한 기술이라고 볼 수 있다. 예를 들어, 가족 중 한 사람이 문제의 근원이라고 생각한다면, 다른 가족구성원의 교류 방식은 변화하지 않을 것이고, 문제로 지목된 IP(지목된 환자)는 계속 문제 상태로 남아 있게 될 것이다. 가족체계에 대한 책임과 원인이 모두에게 있음을 인식하고 성찰할 때 가족구조 변화의 길이 열린다.

7) 대안적 현실 실현하기 : 현재의 현실을 대안적 현실로 변화시키기

가족은 자신들의 현실에 대해서 다양한 차원으로 사고하는 것이 아니라 현재 고착된 방식대로 사용한다. '개'가 무엇인지 아는 어린이가 고양이를 보고서도 '개'라고 말하는 것처럼, 가족은 새로운 대안으로 제시된 현실을 받아들이지 못한다. 가족이 새로운 대안적 세계가 있다는 사실을 인식하고 대안을 현실화하도록 가족상담자가 촉진해야 할 필요가 있다. 여기서 새로운 대안적 세계란 "증상이 필요하지 않는" 세계이다(Minuchin & Fishman, 1981 : 248).

가족상담자는 대안적 세계를 현실화시키기 위해서 구성, 역설, 강점 등의 기법을 사용한다(Minuchin & Fishman, 1981 : 239-325).

① 구성이란 상담자가 그 가족이 믿는 종교 등 보편적 믿음이나 가족의 신념에 근거하거나, 전문가의 견해 등 전문성을 기반으로 가족이 새로운 현실, 새로운 대안을 받아들이도록 하는, 즉 새로운 대안을 구성하도록 돕는 것이다.

② 역설은 증상이 기존 가족구조를 유지하기 때문에 나온 것이지만 오히려 가족구성원에게 나쁘게 작용한다는 점을 이용하여, 증상과 관련한 역설적 상황을 강화하거나 지속하게 제시함으로 가족이 오히려 그 증상에서 빠져나올 수 있도록 돕는 것이다.[5)]

5) 미누친은 역설은 주의해서 사용해야 한다고 한다. 역설이 사용되기 힘든 자살 시도 같은 증상이 존재하고, 잘못된 방법으로 역설을 사용하면 치료효과가 떨어질 수 있다(Minuchin & Fishman, 1981 : 284).

③ 강점은 가족이 가지고 있지만 너무나 당연하여 잘 모르고 있는 강점을 부각시키고 가족이 이를 인식할 수 있도록 도와주어 가족을 강화하는 기법으로 가족구성원이 스스로 충분히 기능할 수 있음을 인식시켜 주는 것이다.

"To Be Continued"는 [나]의 선택!

> 가족들이 도움을 받기 위해 찾아오면, 나는 그들이 문제를 가지게 된 것은 어떤 선천적인 잘못 때문이 아니라 그들이 갇혀 버렸기 때문이라고, 다시 말해 구조 속에 갇혀 시기를 놓쳐 버리거나 도저히 진전이 없는 이야기에 갇혀 버렸기 때문이라고 가정한다.
>
> 출처 : Minuchin & Nichols(1993). 오제은 역(2013), p. 85.

[오늘의 책]

Minuchin과 Nichols(1993). 『미누친의 구조적 가족치료 가족치유』. 오제은 역(2013). 학지사.

미누친이 가족치료에 미친 영향력은 매우 막강하다. 미누친은 치료자가 어떻게 자기를 사용하여 가족과 합류하여 변화를 이끌어가는지를 자세하게 알려주고, 심층적인 내면분석이나 역사적 기원에 대한 탐구가 없이도 가족이 좋아질 수 있음을 증명하였기 때문이다.

이 책의 저자는 미누친과 니콜스이지만, 이 책의 앞부분은 미누친이 걸어왔던 삶의 발자취를 기록한 것으로 미누친의 자서전과 같은 책이다. 미누친의 어린 시절과 미누친의 결혼이야기 등이 실려있다.

이 책은 미누친의 구조적 가족치료의 철학을 이해하는 데에도 도움이 되지만, 미누친의 도전 정신과 그 과정을 배우는 자기개발서로의 역할도 할 수가 있다. 미누친은 아동의 치료가 가족치료를 통해 이루어져야 한다고 주장하여 인기가 없었다(p. 68). 그러나 미누친은 계속하여 도전하였고 증명하였다.

미누친이 다룬 아동과 가족은 극심한 고통 속에서 시달렸다. 신체화 증상까지 심해져서 일상생활이 불가능한 경우도 있었고, 문제의 원인으로 지목되어 비난을 받는 경우도 있었다. 미누친은 이들이 문제가 아니라 잘못 형성된 가족구조가 문제임을 밝혀서 이들에게 붙여진 '문제아'라는 낙인을 제거하고, 그들의 일상이 회복되도록 도왔다.

이 책은 미누친이라는 한 편의 영화를 보는 듯한 느낌을 준다. 이 책을 통해서 딱딱하게만 느껴졌던('구조'라는 표현으로 더 딱딱하게 느껴지는 것 같다) 미누친의 가족상담을 보다 따뜻하게 느껴보자. "To Be Continued"는 이 글을 읽는 [나]의 선택이다.

CHAPTER 08

전략적 가족상담

학습목표

1. 전략적 가족상담의 개요와 기본전제를 설명할 수 있다.
2. 전략적 가족상담의 주요 원리와 개념을 설명할 수 있다.
3. 전략적 가족상담의 상담목표와 상담기법을 설명할 수 있다.

주요 용어

의사소통	제1단계 변화 / 제2단계 변화
가족규칙, 가족항상성	역설처방(증상처방, 가장처방)
시련처방	긍정적 의미부여
의식	불변처방

1. 개요와 기본전제

전략적 가족상담이론은 다른 이론과 다르게 여러 명이 같이 작업을 하여 만들어졌다. 전략적 가족상담이론은 통상 MRI(Mental Research Institute), 제이 헤일리, 밀란의 3개 그룹으로 나누어 설명된다. 이들 모두는 문제는 지목된 내담자에게만 있지 않고 가족체계에 있으며, 증상이 발현되는 것은 지목된 내담자만의 문제가 아니라 다른 가족구성원과 같이 만들어간 문제라는 인식을 공통으로 가지고, 가족구성원의 의사소통에 개입하여 문제를 해결한다는 공통점을 가지고 있다. 이들은 심층적으로 인간의 내면을 탐구하는 대신에 증상을 완화시키는 것에 집중하였다.

전략적이라는 표현은 제이 헤일리(Jay Haley)가 사용한 것이다. 전략적 가족상담자들은 가족을 변화시키기 위하여 계획을 세우고 가족들에게 이런저런 지시를 내린다(Becvar & Becvar, 2013 : 256). 전략적 가족상담에서 전략은 가족을 변화시키기 위하여 가족상담자들이 고안한 방법이나 방침 등을 말한다.

1) 잘못된 해결책이라면, 오늘의 실패는 내일의 실패!

七顚八起(칠전팔기). 일곱 번 넘어져도 8번 일어난다는 말로, 오늘은 실패하더라도 내일은 일어날 수 있다는 희망이다. 전략적 가족상담은 칠전팔기를 부정하면서 시작한다.

전략적 가족상담자들은 이렇게 말할지 모른다.

오늘 실패하면, 내일도 실패할 것이다. 실패는 실패를 불러온다. 왜냐하면 실패를 부르는 방법을 계속 사용하기 때문이다. 전략을 바꾸어야 실패하지 않고 성공할 수 있다. 바츨라빅 등(Watzlawick et al., 1974)(Reiter, 2018 : 254-255 재인용)은 잘못된 해결책이라면 아무리 많이 하더라도 계속 실패할 것이라고 이야기한다. 우리의 선형적 인과론적 사고에서 가족상담은 시도하면 자꾸 잘못된 해결책을 찾을지 모른다. 증상이 발현된, 우울해 보이는 가족구성원이 진정한 원인이 아닐지도 모른다.

전략적 가족상담을 이렇게 실패에 초점을 두어 시작하면 매우 암울한 이론으로 들린다. 그러나 전략적 가족상담은 서양식 유머가 가득한 가족상담이고, 그동안 실패를 계속 경험했던 내담자와 가족에게 희망을 주는 접근법이다.

2) 증상(문제)이 해결해야 할 문제가 아닐 수 있다

(1) "바보야, 문제는 경제야!(It's economy, stupid)"

1992년 미국 대통령 선거에서 당시 빌 클린턴 후보가 내걸었던 선거운동 문구이다. 빌 클린턴은 1992년 선거에서 승리하였다. 이 선거구호는 당시 선거의 의제가 경제라는 점을 부각시킨 것이다. 전략적 가족상담자들은 대통령 선거에라도 나가서 원인이 지목된 내담자(IP)가 아니라 가족이라고 외치고 싶을지 모른다. 많은 가족이 희생자로 평가받아야 할 내담자를 오히려 문제를 일으키는 사고뭉치로 평가하는 경우가 많다.

(2) "우리 애가 문제예요.", "아내가 문제예요.", "남편이 문제예요."

내담자들은 자신들이 겪는 증상이 어떤 문제인지 그 원인이 무엇인지 알고 있다고 생각하는 경우가 많다. 마치 환자가 의사에게 와서 이런저런 증상을 말한 후에 "저는 위축성 위염이니까 거기에 맞는 약을 주세요."라고 결론을 내리며 처방 또한 스스로 하는 경우와 같다. 문제는 그 처방이 맞지 않는 경우가 많다는 점이다. 내담자가 문제의 원인이라고 생각하는 것은 단순히 증상에 불과할 때가 많다. 우리 애가 문제라고 생각하는 바로 "내"가 그 문제를 일으키는 장본인일 수 있다.

가족에서 증상이 해결해야 할 문제가 아닌 경우가 많다. 증상은 해결해야 할 문제를 해결하면 사라진다. 제이 헤일리의 『증상해결 중심치료(Haley, 1976, 이근후 · 김영화 역, 1991 : 45-46)』에는 밤에 불을 지른 아이가 나온다. 아이의 증상은 아이의 오빠와 엄마와의 관계가 개선되자 해결되었다. 제이 헤일리는 또 다른 책에서 증상은 가족체계에서 하는 "기능"이 있다고 한다(Haley, 1984 : 17).

3) 다친 사람이 가해자인 것은 아니다

친구가 눈 한쪽이 멍들어서 나타났다면? 그 멍이 맞아서 생긴 멍이라면? 우리는 이렇게 '친구가 가해자군'이라고 생각할까? 아닐 것이다.

친구가 증상을 가지고 있는 환자인 것은 맞지만, 맞아서 눈이 멍든 친구를 가해자라고 생각하지 않을 것이다. 친구 말고 때린 누군가가 있다고 생각할 것이다. 그러나 가족문제에서 우리는 유독 이런 생각을 잘 하지 못한다. 아픈 사람이 그 자체가 원인이라는 생각을 한다. '그 사람의 자질이, 그 사람의 성격이, 그 사람의 경험이...' 다른 가족구성원이 문제의 원인이라는 생각은 우리 머릿속에 없을 때가 많다. 과연 그럴까?

물론 다친 사람이 원인일 수 있다. 순환적 인과론이 보여주는 것처럼 가족 내의 사건은 돌고 돌면서 증폭되는 경우도 많다. 가족상담자는 범인을 찾는 것이 아니라 해결책을 찾는 것이다. 누군가가 옳다고 증명해 주는 법관의 역할을 하는 것이 아니라 상처를 입은 사람을 싸매어 주고 보듬어 주는 역할을 하는 것이다.

물론 이 말이 과학적 사고를 거부한다거나 문제의 원인과 결과에 대한 분석을 하지 말아야 한다는 것은 아니다. 가족상담의 모든 이론과 접근법에는 나름의 분석과 판단이 들어간다. 과학적 사고를 견지하면서도 누군가를 희생양으로 남아 있게 만드는 기존의 사고틀(framework)에 대항해야 한다는 이야기이다.

코지프스키(Korzybski, 1933 : 58)는 "지도는 지형이 아니다"라고 하면서 지도는 실제 지형이 그 자체는 아니지만 지도는 실제와 구조가 유사하다고 지적하고 있다. 그러나 인간은 때때로 베이트슨(Bateson, 1972 : 402)이 지적한 대로 지도와 지형의 차이점을 간과하고 개념을 실체 그 자체로 받아들이는 오류를 범하곤 한다. 다시 말하면 우리 가족에게 어떤 문제가 있다고 생각한다면, 그 문제 방식대로 사고하고 행동하고, 그 외에 수많은 가능성이 있음에도 그것을 벗어나 행동하지 못한다는 것이다(Becvar & Becvar, 2013 : 246-247).

2. 주요 원리와 개념

1) 의사소통

전략적 가족상담에서는 의사소통을 중요하게 다룬다. 전략적 가족상담자들은 의사소통이 다차원적으로 나타난다고 한다. 의사소통은 '문자'로 이루어진 내용과 함께 그 이면의 의미도 같이 담겨 있다. 말과 몸짓, 눈짓, 손짓, 발짓, 표정 등이 함께 어우러져서 의사소통을 이룬다. 즉, 하나의 의사소통에 여러 가지 뜻이 한꺼번에 담겨 있는 것이다. 누군가에게 '나 피곤해.'라는 말을 할 때, 말하는 사람의 표정에 따라 받아들이는 사람은 그 사람의 건강상태에 대한 정보를 준 것으로 받아들일 수도 있고, 그 사람이 쉴 수 있는 시간을 달라고 요구한 것으로 받아들일 수도 있으며, 심지어는 공격의 의미로도 받아들여질 수도 있다.

'나 피곤해.'라는 의사소통에는 내용(content or report)과 관계(relationship or command)가 같이 들어가 있다. 피곤하다는 말 속에는 피곤하다는 정보와 함께 피곤하니까 쉬게 해달라 혹은 나를 더 이상 피곤하게 하지 마 등의 관계 내지 명령을 나타내는 의미가 들어 있을 수 있다. 의사소통은 또한 서로 맞대응(symmetrical) 형식으로 나타나기도 하고 맞추어주는(complementary) 형식으로 나타날 수 있다(최연실 외, 2020 : 139-141; Goldenberg & Goldenberg, 2000 : 219-222, Nichols & Schwartz, 2007 : 168; Watzlawick, 1974 : 48-71).

맞대응하는 것이나 보조를 맞추어주는 것이나, 그 자체로는 가족기능에 도움을 줄 수도 있고 도움을 주지 않을 수도 있다. 예를 들어, 서로 화가 나서 말을 하지 않는다면 역기능적일 것이고, 서로 부드럽게 말한다면 기능적일 것이다.

의사소통에서 우리가 주의해야 할 점은 소리나 문자로 만들어지는 언어의 내용과 함께 그 상황이나 맥락에 따라 그 의미가 분명해진다는 것이다. 따라서 대화의 의미를 제대로 바꾸기 위해서는 가족규칙 내지 가족구조를 바꾸거나, 그 문제에 대한 인식 자체를 변경해야 한다는 것이다. 이 부분에 대해서는 제1단계 변화와 제2단계 변화를 통해 자세히 살펴볼 예정이다.

2) 제1단계 변화와 제2단계 변화

가족이 변화할 때, 그 변화가 표면적이고 피상적인 수준에서 일어나고 있는지 아니면 구조와 기능을 변경할 수 있는 기본적인 수준, 근본적인 수준에서 일어나고 있는지를 살펴볼 필요가 있다. 가족의 변화를 수준별로 파악하면 보다 적절한 가족변화 전략을 수립할 수 있다.

전략적 가족상담자는 의사소통을 방식을 변화시키려고 함과 동시에 가족의 의사소통이나 가족규칙과 같은 기본적인 수준의 변화를 통해 도달하려고 한다. 이를 바꾸어 말하면, 가족상담자는 일차 수준의 변화와 이차 수준의 변화를 도모한다고 할 수 있다.

'큰 소리로 싸우지 않고 작은 소리로 싸우기로 했어요.'는 제1단계 변화라면 가족의 규칙 등 구조 그 자체를 바꾸는 것은 제2단계 변화이다(Goldenberg & Goldenberg, 2000 : 223-224; Nichols & Schwartz, 2007). 제1단계 변화는 규칙을 바꾸는 것은 아니기 때문에 쉽게 사라지지만 제2단계 변화의 시작점이 될 수 있다(최연실 외, 2020 : 142; Watzlawick et al., 1974 : 10-11). 일차 수준의 변화를 단숨에 넘어 이차 수준의 변화로 갈 수도 있겠지만, 일차 수준의 변화가 모이고 모여 이차 수준의 변화가 될 수 있다는 것이다.

〈표 8-1〉 수준별 변화 정도

변화 수준	변화 내용
제1단계 변화(일차 수준 변화)	체계가 변하지 않는 피상적인 수준의 변화
제2단계 변화(이차 수준 변화)	체계의 기능과 구조가 바뀌는 근본적 변화

출처 : Goldenberg & Goldenberg, 2000 : 223-224; Nichols & Schwartz, 2007 : 169를 표로 정리.

3) 가족규칙

가족규칙은 명시적이든 암묵적이든 가족이 상호작용을 통해서 만들어 낸 일정한 형태의 행동양식이다(최연실 외, 2020; Nichols & Schwartz, 2007). 가족은 스스로 인지하지 못하더라도 많은 규칙을 가지고 있다.

가족규칙은 사실 많은 도전을 받는다. 사춘기에 친구와의 관계가 강화되면, 아동기 시절에 세워진 통금, 대화방식, 여가를 보내는 방식 등 많은 것이 변화되게 된다. 전략적 가족상담의 목표 중 하나는 가족규칙을 변경시키는 것이다. 역기능적이었던 가족 간의 의사소통 규칙이 기능적으로 변화시킨다면 상담의 효과가 장기간 지속될 수 있다.

4) 가족항상성

가족항상성(family homeostasis)은 가족이 일정한 상태를 유지하고자 하는 성향을 말한다. 가족이 끊임없는 환경 변화에도 자신의 모습을 지키려고 할 때, 때로는 성공을 거두기도 하지만 실패하는 경우도 많다. 전략적 가족상담에서는 가족항상성으로 인한 문제를 지적한다. 지목된 내담자가 그런 증상이 나타나는 것은 가족항상성을 유지하기 위하여, 즉 가족을 변화시키지 않기 위해서 그 내담자를 희생시키기 때문이다. 다시 말하면 가족체계가 가족체계를 보호하기 위하여 내담자가 그런 행동을 해야 되었기 때문에 지목된 내담자의 증상이 생긴 것이다.

3. 상담목표와 상담기법

1) 치료목표

전략적 가족상담은 증상을 제거하고, 증상을 일으키는 가족 상호작용 패턴 등 가족구조를 변화시키는 것을 치료목표로 삼는다(정문자 외, 2018; 최연실 외, 2020; Griffin & Greene, 1999 : 16). 전략적 가족상담은 가족이 제대로 된 전략을 사용하여 증상을 극복하는 것을 목표로 한다. 이를 위하여 전략적 가족상담에서는 가족에게 역설 처방, 긍정적 의미부여 등을 통해 가족규칙과 가족항상성, 의사소통 등을 성찰할 수 있는 기회를 제공하고자 한다.

2) 치료기법

(1) 역설 처방[1)]

역설은 역설적 지시를 통해서 가족이 모순된 상황을 인식하고 가족의 문제에 대한 통제 가능성을 발견하도록 돕는 기법이다. 어느 한 가족의 문제 행동, 예를 들어 우울 때문에 가족상담을 하러 왔다면, 그 가족은 통상 우울감을 줄이기를 원한다. 역설적 개입은 우울감을 줄여서는 안 되며, 오히려 더 하라고 지시를 하는 등 가족상담 현장의 통상적 지시와 모순되며, 가족이 상담을 하러 온 목표와도 모순된다.

역설적 개입은 문화와 상황에 따라 조심스럽게 사용하여야 한다.

역설적 지시를 하는 이유는 무엇일까? 역설적 지시는 증상을 강화시켜 고착화시키려는 것이 아니다. 역설적 지시는 가족이 여태까지 해결할 수 없다고, 조절할 수 없다고, 통제할 수 없다고 믿었던 증상에 대한 통찰을 주기 위해서이다. 가족이 진정한 목적을 발견하고, 그 목적을 달성하는 데 '우리가 과연 이럴 필요가 있을까?'라는 의문을 갖게 하는 것이다. 가족이 '우리는 이럴 수밖에 없어'라는 생각에서 벗어나서, 즉 현재 역기능적인 가족항상성을 유지하려는 것에서 벗어나서 변화할 수 있는 계기와 자유를 주는 것이다(Reiter, 2018 : 266).

(2) 증상 처방

증상 처방은 시간을 정하거나 방법을 정해서 증상을 나타내도록 하거나 증상을 하도록 격려하는 등 증상이 되는 행동을 계속 하도록 하는 방법이다(최연실 외, 2020; Reiter, 2018). 증상을 처방할 때는 증상이 왜 기능을 하였고, 그 증상이 존속해야만 하는 이유를 설명하기도 한다. 증상 처방은 역설 처방의 일종으로 볼 수 있다.

---

1) 제이 헤일리(Haley, 1984 : 7-11)에서 시련 기법을 설명하면서 시련에는 "직설적인 시련"과 "역설적인 시련"이 있다고 한다. 직설적인 시련은 내담자가 곤란해 하는 것을 말한다. 하고 싶지 않은 운동을 하거나 관계가 좋지 않은 사람에게 전화하는 것 등은 그 자체로 시련으로 느껴지는 것들이다. 역설적인 시련은 증상 그 자체가 '시련'임을 이용하여, 증상을 일부러 하도록 함으로 증상 그 자체가 시련으로 느껴지게 하는 것이다. 여기서는 직설적 시련을 사용하는 것은 시련 처방으로, 증상으로서 시련을 역설적으로 사용하는 것은 역설 처방으로 나누어 설명하였다.

(3) 가장 처방

가장 처방은 행동을 하는 '척'하라고 지시하는 기법이다. 증상을 그대로 허용하되, 그 사용형태를 '가장', '연극', '놀이'로 느껴지도록 바꾸는 것이다. 증상 처방은 증상을 그대로 재현하라는 것인데 비해서 가장 처방은 증상을 그대로 하는 것이 아니라 증상이 발현된 '척' 흉내만 내라는 것이다.

화를 내는 사람에게 화를 내는 척하라고 지시하고, 우울한 사람에게 우울한 척하라고 지식하는 것이다. 이 기법은 가족으로 하여금 ① 증상 이면에 있는 가족규칙이나 가족원들의 생각을 파악하게 하고, ② 증상을 해결해야 하는 골칫덩이에서 통제할 수 있는 무언가로 느끼도록 만들어주는 기법이다(Madanes, 1981; Nichos & Schwartz, 2007 : 183-185; Reiter, 2018).

(4) 시련 처방

시련 처방은 증상이 일어날 때마다 증상보다 괴롭거나 어려운 활동을 하도록 하는 처방을 의미한다(Haley, 1984). 헤일리는 밀턴 에릭슨(Milton Erickson)과 치료기법에 대해서 자문을 얻던 중에 밀턴과 자신이 유사한 기법, 즉 시련을 처방하는 기법을 활용하고 있음을 발견했다. 시련이란 충분히 부담스럽거나 좋아하지 않는 행동을 하는 것이다.

3) 긍정적 의미부여와 의식, 불변처방

긍정적 의미부여와 의식, 불변처방은 밀란의 전략적 가족상담에서 나온 개념이다(Nichols & Schwartz, 2007). 밀란의 전략적 가족상담에서는 "의미의 변화를 통해서 행동의 변화"를 이끌어내는 전략을 취한다(Becvar & Bacvar, 2013 : 264-267). 증상이 가진 긍정적 측면을 끌어내고, 가족규칙의 변화를 위해 의식과 불변처방을 실시한다.

게임의 말들은 게임을 변화시키지 못한다. 게임의 규칙을 변화시켜야 진정하게 게임을 변화시키는 것이다. 밀란 그룹은 가족 간의 상호작용을 가족게임이라고 하면서 가족게임을 어떻게 변화시킬 수 있는지 방법을 찾으려고 하였다(Selvini Palazzoli et al., 1978 : 6).

(1) 긍정적 의미부여

긍정적 의미부여[2]란 내담자의 증상, 즉 가족구성원의 문제 행동이 가족의 항상성을 유지하려고 한 것이라고 설명하면서 증상에 긍정적 의미를 부여하는 것이다(Becvar & Becvar, 2013; Nichols & Schwartz, 2007). 가족은 증상 때문에 왔고, 그 증상은 통상 나쁜 것이다. 아버지가 성과급을 많이 탔거나, 아이가 공부를 잘하거나 등 가족이 통상 긍정적으로 생각하던 것을 증상 혹은 문제라고 부르지는 않는다. 긍정적 의미부여는 증상이 하고 있는 기능을 말함으로써 가족구성원이 변화할 수 있는 동기를 부여한다(김지영 · 박선영, 2022 : 150).

(2) 의식

의식(儀式; ritual)[3]은 일련의 행위를 가족구성원이 하도록 하는 것으로 가족규칙이나 가족신화를 성찰하게 한다. 의식은 경직된 가족규칙에도 사용하지만 긍정적 가족규칙을 강화하는 데도 사용되며(Nichols & Schwartz, 2007 : 187), 과정이나 구조를 중심으로 진행될 수도 있고, 내용을 중심으로 진행될 수도 있다(Becvar & Becvar, 2013 : 268). 가족은 의식을 통해 자신들이 하던 가족게임을 좀 더 명료하게 하는 등 가족게임을 성찰할 수 있게 되어 보다 쉽게 변화할 수 있다(Goldenberg & Goldenberg, 2000).

(3) 불변처방

불변처방이란 부모 중 한쪽이 자녀와 밀착되어 있는 경우, 부부와 자녀 간의 일종의 공모(共謀)를 해소하기 위하여 부부만의 비밀 의식을 불시에 치르게 하고 그 내용을 자녀에게 비밀로 하는 것이다. 불변처방은 부부와 자녀를 분리시

2) 긍정적 의미부여(positive connotation)는 긍정적 내포로 번역되기도 한다.
3) 여기서 의식은 호흡이 있는 상태를 의미하는 것이 아니라, 일정한 방식을 갖추어 행하는 가족행사의 의미이다.

켜, 부모 한쪽과 자녀의 연합을 해제한다(Becvar & Becvar, 2013 : 269-270; Goldenberg & Goldenberg, 2000 : 260-261; Nichols & Schwartz, 2007 : 188). 불변처방은 의식의 일종으로 볼 수도 있다(Nichols & Schwartz, 2007 : 188).

"To Be Continued"는 [나]의 선택!

불안 발작을 보이는 부인이 있어도, 이 증상이 그녀의 결혼에 따른 적응방식으로 간주되지 않았고 단지 불합리한 것이라고 생각되었다. 그러므로 남편은 스트레스를 주는 소인[4]이라는 점 이외에는 무관하게 여겨졌다. 실제로는 그가 "진짜" 문제였는데도 말이다.

출처 : Jay Haley(1976), 이근후 · 김영화 역(1991). p. 20.

[오늘의 책]

Jay Haley(1976). 『Problem-Solving Therapy. Jossey-Bass Publishers』. 이근후 · 김영화 역(1991). 『증상해결 중심치료 -저항을 활용한 가족 • 부부치료-』. 하나의학사.

우리는 잘잘못을 따지는 데 익숙해져 있다. 내가 아이들을 키울 때도 그랬다. 아이들이 한 잘잘못을 따졌다. 내 생각과 다르면 아이들에게 내 생각이 왜 옳은지 설명하고 따르도록 했다. 내 나름대로는 아이들에게 쉽게 설명하려고 했고, 아이들은 마지못해 끄덕였다. 그러나 행동의 변화는 별로 없었다.

제이 헤일리의 책을 읽으면서 가족의 문제 중 내가 기여한 바도 크다는 생각을 새삼스럽게 한다. 아이들은 아이들의 발달수준에 맞는 행동을 했음에도 불구하고 나는 그것을 받아들이지 못하는 경직된 부모였던 것이다.

제이 헤일리는 전략적 가족상담의 공헌자로 증상해결 중심치료라는 저작을 남겼다. 언뜻 생각하기에 위에 인용문은 이치에 맞지 않는다. 우리가 생각하기에 증상을 가진 사람은 원인도 가지고 있다. 또한 우리의 세계관은 그 증상을 가진 사람의 행동에서 그 증상의 원인을 유추한다. 그래서 환자가 원인이라는 생각을 굳히게 된다.

그러나 가족상담에서는 증상은 피해자임을 표출하는 것으로 본다. 불안 발작을 보이는 부인은 피해자인 것이다. 원인과 결과가 동일한 사람에게 있는 것이 아니라 원인 따로 결과 따로 나타나는 것이 가족체계에서 일어난다.

이 책에는 치료 방법 설명 외에도 제이 헤일리의 가족상담자로서의 고민과 성찰이 들어 있다. "To Be Continued"는 이 글을 읽는 [나]의 선택이다.

4) 소인(素因)은 근본이 되는 까닭을 의미한다(출처 : 국립국어원 표준국어대사전). 위의 문장은 남편이 문제의 진정한 원인이라는 뜻이다.

CHAPTER 09

사티어의 경험적 가족상담

학습목표

1. 사티어의 경험적 가족상담의 개요와 기본전제를 설명할 수 있다.
2. 사티어의 경험적 가족상담의 주요 원리와 개념을 설명할 수 있다.
3. 사티어의 경험적 가족상담의 상담목표와 상담기법을 설명할 수 있다.

주요 용어

비일치적 의사소통(회유/ 비난/ 초이성/ 부적절형)	
빙산 메타포	빙산의 탐색
가족조각	가족 재구성

1. 개요와 기본전제

경험적 가족상담이론은 기존 상담자들과 확연하게 다른 독특한 성격의 두 상담자가 등장한다. 가족치료의 어머니라고 불리며(최연실 외, 2020), 따뜻하게 가족 워크숍을 이끌던 사티어(Satir)와 때로는 격정적으로 때로는 졸기도 하면서 상담을 하던 휘태커(Whitaker)는 성격은 서로 다르지만, 경험과 성장을 중시하였다는 점에서 서로 공통점을 가지고 있다.

경험적 가족상담이론은 인본주의에 기반을 두고 있다고 알려져 있다. 인본주의의 영향을 받아 경험적 가족상담이론은 인본주의에서 많이 사용하는 성장이나 경험 등과 같은 개념을 중시한다. 기존의 가족상담이론이 가족체계를 강조하는 데 비하여 경험적 가족상담은 개인의 성장과 경험을 강조하는 점이 차이가 있다(김혜숙 외, 2012; 최규련, 2012; 최연실 외, 2020, Goldenberg & Goldenberg, 2000; Nicols & Schwartz, 2007).

기존의 가족상담이론과 다른 측면은 경험적 가족상담의 거장에서도 나타난다. 휘태거는 전통에 얽매이지 않는 성격이었으며, 기존의 상담자와는 다르게 분노 등 개인적 감정까지 상담 현장에서 드러낸 인물이었다. 휘태거는 산부인과 수련생활에서 정신의학으로 진로를 바꾸었으며, 다소 과격하며 도발적인 치료방법을 사용하는 등 전통 가족상담이론과 궤를 달리하였으며, 공동 치료를 선호하였다(최연실 외, 2020; Griffin & Greene, 1999; Nichols & Schwartz, 2007).

사티어 또한 기존 가족상담이론을 정립한 인물들이 정신의학이나 심리학을 전공한 것과 다르게 사회사업을 전공하였다. 사티어는 MRI 그룹, Esalen Institute 등을 거쳤고, 병원뿐만 아니라 사회복지 기관 등 다양한 곳에서 업무를 하였으며, 비전통적인 상담기법을 습득하였다(Becvar & Becvar, 2013; Griffin & Greene, 1999). 사티어의 할머니와 어머니는 주관이 뚜렷한 반면 아버지는 자신을 제대로 표현하지 못하는 사람이었고, 사티어의 가족도 가족 갈등과 이로 인한 문제들을 겪고 있었다. 사티어는 이로 생긴 악몽(惡夢)을 경험적 가족상담 기법 등을 이용해서 해결하였다(김영애, 2020).[1)]

본 교재는 제한된 분량에서 논의를 효율적으로 하기 위하여 사티어 모델을 중심으로 경험적 가족상담이론을 살펴보고자 한다.

1) 인본주의 상담 : 인간은 성장하며 잠재력을 가지고 있다

운동 경기를 볼 때, 응원하는 팀이 경기를 너무 못한다고 해보자. 팬들은 너무 속상한 나머지 낙담하고 이를 넘어서 경기에서 진 선수들을 비난하곤 한다.

1) 김영애가 저술한 『사티어 경험주의 가족치료 : 이론과 실제』(2020년 김영애가족치료연구소 출판)도 추천도서이다. 이 장의 마지막에서 소개한 『사티어모델 : 가족치료의 지평을 넘어서』(Satir et al., 1991)와 또 다르게 사티어 연구자의 입장에서 사티어 경험적 가족상담의 여러 측면을 소개해 주고 있고, 저자의 그동안의 임상 경험 또한 엿볼 수 있다. 사티어의 경험주의 가족상담에 대해서 호기심이 있거나 감명을 받은 사람이 추가적인 탐색을 하기에 적절한 책이다.

다른 사람이 그런 것이 아니라 나 자신도 그랬다. 칼 로저스의 인본주의 상담을 접했더라면 '그 운동선수들은 정말 잘하고 싶었을 텐데 그렇지 못했구나'라고 이해를 했을 것이다. 비난 대신 말이다.

경험적 가족상담을 이해하기 위해서는 인본주의 상담에 대해서 이해가 필요하다. 인본주의는 인간의 긍정적인 측면에 관심을 두어, 자아실현이나 성장 등과 같은 개념을 주로 사용하며 로저스가 창시자이다. 로저스는 인간은 스스로 문제를 해결할 수 있으며, 자기실현을 하고 싶어 하는 존재라고 주장하였다. 인본주의 상담에서는 상담자가 내담자보다 우위에 있다는 생각을 버리고 내담자에게 이래라저래라 하는 지시적 상담 대신 비지시적 상담을 주장한다. 인본주의 상담에서는 내담자가 스스로 성장할 수 있도록 상담자가 도와야 하며, 이를 위해서 상담자는 일치성, 무조건적 긍정, 공감적 이해를 갖추고 있어야 한다(김현수 · 김태호, 2006; Corey, 2009). 인본주의 상담은 인간을 선한 존재로, 잠재력을 가지고 있는 존재로, 성장과 자기실현을 하길 원하는 존재로 가정한다.

사티어의 가족상담에서도 인본주의의 이러한 철학을 공유한다. 김영애(2020)에 의하면 사티어의 경험주의 가족상담은 로저스나 매슬로우[2]와 같은 인본주의와 철학과 같이 인간이 성장 욕구를 가지고 있음을 믿는다. 그러나 방법론 측면에서 경험주의 가족상담과 인본주의 상담은 다소 차이가 있다. 예를 들어, 인본주의 상담의 로저스는 효율적 치료에 가족을 포함시키지는 않았다(Nichols & Schwartz, 2007 : 9). 또한 내담자에 대한 질문도 로저스는 소극적인 입장이었으나 사티어는 적극적으로 내담자에게 질문을 하고 성장을 촉진하였다(김영애, 2020). 사티어의 경험주의 가족상담은 인본주의 상담에서 감명을 받았고 그 철학을 공유하고 있지만 방법론적 측면에서는 보다 활달하고 다양한 기법을 사용한다.

2) 매슬로우(Abraham Maslow)는 생리적 욕구, 안전의 욕구, 소속/ 사랑의 욕구, 존중의 욕구, 자기실현의 욕구를 주장하였고 아래 단계 욕구가 충족되지 않으면 그 위 단계 욕구는 충족되기 어렵다는 단계론적 욕구를 주장하였다. 김영애(2020)에 의하면 사티어는 욕구가 단계 혹은 위계가 아닌 체계적으로 연결되는 것으로 본다는 점이 매슬로우와 다른 점이라고 한다.

2) 성장모델 대(對) 계급모델 : 내담자는 자신의 힘을 가지고 있다

한국 사회는 위계를 추구하는 사회라고 해도 과언이 아니다. 적어도 대학교 입시만큼은 그렇다. 고등학생들은 일부 과목을 제외하고는 전부 상대평가를 통해 등급을 나눈다. 과목별로 등급이 나오고 이는 수능시험과 함께 대학 진학에서 절대적 역할을 한다. 사실 상대평가로 결정된 등급이 위계가 아님에도 불구하고 많은 사람에게 이는 위계로 느껴질 것이다. 우리 사회의 지배적인 모델이 계급모델이기 때문에 우리는 계급모델에 보다 익숙할 수 있다.

사티어 등(1991 : 34-35)은 세상을 지각하는 모델로 성장모델과 계급모델을 제시하였다. 계급모델은 지배－복종의 관계가 중심이 되며, 위계질서를 강조하고 변화보다 안정감을 추구한다. 반면 성장모델은 인간은 평등하다는 전제 아래 변화를 필수적이고 필연적인 것으로 본다. 경험적 가족상담에서는 내담자와 상담자의 관계도 평등한 관계, 동등한 관계라고 본다. 즉, 상담자가 위에서 내담자에게 지시하고 내담자를 조정하고 하는 그런 위치에 있는 사람이 아니라는 것이다. 인간은 변화 속에서 성장을 하며 내담자 자신이 가지고 있는 고유한 힘으로 성장을 할 수가 있다.

사티어 가족상담에 “경험적”이라는 이름을 붙이는 이유는 사티어 가족상담은 과거 “부정적 경험을 해결하기 위한 새로운 경험”을 강조하기 때문이다(김영애, 2020 : 71). 내담자가 부정적 경험을 해결하고 자신을 제대로 인식한다면 긍정적 성장을 할 수가 있다. 동등성/ 평등성을 강조하는 성장모델에서 상담자는 내담자와 상담자가 자기(Self) 대 자기(self)로 만나는 경험을 통해, 내담자가 “스스로” 자신의 힘을 깨닫도록 도와주어야 한다.

3) 가족으로부터 발생한 역기능 : 어른이 되어서도 문제가 된다

아이는 부모로부터 규칙을 배운다. 이때 아이가 자기존중감을 제대로 배우지 못한다면 자기 자신을 수용할 수 없고, 즉 자기 자신을 받아들이지 못하고 다른 사람과의 관계에서 역기능적인 의사소통을 하게 될 것이다(Satir et al.,

1991 : 43-44).

사티어 등(1991 : 37-38)은 사티어의 치료적 신념을 밝히고 있는데 이 중 부모와 직접 관련이 된 내용을 통해 사티어 경험적 가족상담이 가지고 있는 가족과 관련한 특징을 보다 잘 알 수 있다. 부모는 아이를 키울 때, 최선을 다하지만 부모가 과거 배운대로 행동을 하게 된다. 이 때문에 부모는 과거 역기능적 방식을 사용하여 부모 역할을 하며 이는 자녀의 자기존중감을 제대로 발달시키지 못하는 결과로 이어진다. 이러한 문제를 해결하기 위한 방법으로 부모를 한 명의 인간으로 받아들이는 것이다.

사티어 경험적 가족상담이 가지고 있는 이러한 설명은 부모가 가지고 있는 인간적 고뇌와 그들이 최선을 다한다고 하지만 그것이 오히려 나쁜 결과를 초래하게 되는 비극적인 상황을 잘 보여준다. 내담자들이 표현하는 "괴물 같은 부모"는 앞서 말한 잘못된 성장모델, 잘못된 대처방법이 만들어낸 것이다. 문제는 낮은 자기존중감이 어른이 되어서도 문제를 일으킨다는 것이다. 김영애(2020 : 43)에 의하면 역기능적 가족체계의 가족구성원은 부정적인 사고 속에서 부정적인 상황을 강화하고 갈등에 제대로 대처하지 못하며 긍정적인 감정조차 제대로 표현하지 못한다.

내담자가 역기능에서 벗어나도록 돕기 위해서 가족상담자는 "부모와 자녀를 연결"시켜 서로를 받아들이는 관계를 맺도록 도와야 하며 이는 내담자와 내담자 가족에게 내적 변화뿐만 아니라 외적 변화까지 발생시킨다(Satir et al., 1991 : 109). 상담자는 내담자가 일치적 의사소통을 하도록 도움으로써 이를 도울 수 있다.

2. 주요 원리와 개념

1) 스 타

가족상담에서 지목된 환자(Identified Patient)는 내담자로 지목된 가족구성원을 이야기한다. 부모가 우리 아이가 문제가 있어서 왔다고 할 때, '우리 아이'가

지목된 환자이다. 지목된 환자라고 하는 것은 '우리 아이'는 문제의 원인이 아닌 문제를 보여주는 사람이기 때문이다. 부모와 자녀 모두가 체계 속에서 문제에 대한 원인과 결과를 순환적으로 이룬다.

사티어는 지목된 환자라는 표현 대신에 스타(star)를 사용하였고(Satir et al., 1991 : 245) 스타 주변에 별을 두르는 식으로 스타를 표시하였다. 단순하게 지목된 환자의 다른 표현으로 스타를 받아들이는 것보다 사티어가 가지고 있던 생각 속에서 스타를 이해하는 것이 필요하다. 사티어는 부정 혹은 없애야 할 것, 제거해야 할 것에 집중하기보다 긍정적인 측면에 집중하였고, 과거 가족을 얽매고 있었던 경험을 재구성하거나 그 경험으로부터 멀어지도록 각종 기법을 사용하였다. 환자(patient)라는 표현보다 스타라는 표현이 내담자가 가지고 있는 에너지와 성장 욕구를 표현하는 데 더 적합하다.

2) 원가족 삼인군

한국인의 정서를 이야기할 때, 정(情)과 한(恨)을 이야기한다. 사티어 경험적 가족상담을 보면 한국인의 정서인 정과 한이 가족을 통해 어떻게 생성되고 있는지에 대한 의문이 생긴다. 한국인은 가족에 정도 쏟지만, 또한 분노와 증오도 같이 느낀다. 가족들에게 가지고 있는 이러한 "애증"의 정서를 이해하는 데도 사티어 경험적 가족상담은 도움이 된다. 사티어의 저작을 통해서 알 수 있는 것은 가족의 역기능 문제는 정도의 차이는 있을 수 있지만 한국만의 문제가 아니라 보편적인 문제라는 것이다.

사티어 등(1991 : 40)은 가족이 자녀가 제대로 성장하도록 도와주지 못할 때 역기능적 가족체계가 된다고 한다. 사티어 경험적 가족상담을 이해하기 위해서는 가족과 관련된 개념을 우선 확실하게 알 필요가 있다.

원가족이란 결혼 등으로 새로 형성한 가족 이전의 원래 가족으로 본가(本家)를 의미한다. 원가족이 중요한 이유는 사람은 원가족에서 기본적인 대처방법이나 자기존중감을 획득하기 때문이다(Satir et al., 1991 : 39-43). 원가족에서 '나'는 부모와 '나'의 3인으로 이루어진 인간관계를 형성하여 성장하여 왔다. 이를 원가족 삼인군이라고 부른다. 즉, 원가족 삼인군은 원가족에서 이루었던 부모 – 내담자 사이의 3인 간의 관계를 말한다. 앞서 다세대 가족상담이나 구조적 가족상담에서 보았듯이 3인 관계는 자칫 단절이나 연합 등 여러 문제를 일으켜서 역기능 가족관계를 만들 수 있다.

사티어 경험적 가족상담에서 원가족 삼인군이 강조되는 이유는 사티어 모델은 현재의 가족관계뿐만 아니라 원가족과의 관계 또한 중요하게 생각하기 때문이다. 원가족 삼인군에서 역기능적 가족체계 때문에 생겨난 '나'의 의사소통 방식, 자기존중감 등을 개선하는 것이 사티어 경험적 가족상담의 중요한 과제이다.

3) 자존감(자아존중감)

김영애(2020 : 69)는 사티어 상담의 기본 신념을 "자기가치감의 회복"이라고 단언하며, 육혜련(2015 : 4)도 사티어 상담에서 자아존중감이 일치성과 더불어 가장 중요한 개념이라고 한다.

다른 사람에 대한 존중도 나에 대한 존중으로 시작한다. 자존감은 삶의 다양한 영역에서 대처방식이나 의사소통 등에 영향을 준다. 자존감은 자신이 얼마나 존중받을 수 있는지, 자신이 얼마나 가치가 있는지에 대한 주관적 평가이다(김영애, 2020 : 96; 서혜석, 2005 : 28).

자아존중감과 일상생활에서 혼동되는 말은 "자존심"이다. '나는 자존심이 강해'라고 이야기한다면 이는 쓸데없이 고집을 피우면서 스스로의 존재감을 드러내는 것으로 오히려 역기능적 의사소통을 하고 있음을 나타내는 것이다. 반면 자존감 혹은 자아존중감이라는 말을 사용할 때는 "강하다"라는 표현 대신에, "높다"라는 표현을 사용하며, 얼마나 자신을 수용하고 자신의 가치를 중요하게 생각하는 정도를 표현하는 개념이다.[3)]

사티어 등(1991 : 43-47)에 의하면 자아존중감을 제대로 습득하지 못한 사람은

3) 자신과 타인에 대한 긍정에 관심 있는 사람은 토마스 해리스(Thomas Harris)의 『아임 오케이, 유어 오케이』(2014년 아름드리 미디어 출판)도 읽어보길 바란다.

이후 "학습/ 업무/ 대인관계" 등 삶의 다양한 영역에서 문제를 경험하게 되며, "방어적 태도나 비일치적 반응"을 하게 된다. 반대로 자아존중감이 높은 사람은 자신을 수용할 수 있고 이를 바탕으로 다른 사람을 수용할 수 있다. 이러한 이유로 가족상담자들은 자아존중감을 "재구성"하기 위하여 많은 노력을 기울인다.

『사티어 모델 : 가족치료의 지평을 넘어서』(Satir et al., 1992)에서는 특별히 Celestrial Arts Publishing의 허락을 받아서 사티어의 "나는 나" 선언문[4]을 수록하고 있다. 아름다운 시처럼 느껴지는 이 선언문을 굳이 원가족 삼인군을 설명하면서 넣은 것은 높은 자존감을 가진 사람이 "적절한 반응"을 하며 "적절함/ 유능함/ 자신감"과 같은 태도를 보이기 때문이다(Satir et al., 1992 : 50).

4) 의사소통 유형 또는 생존방식의 유형

흔히 사티어의 의사소통 유형은 사티어 등(1992 : 53-108)에서는 "생존방식의 유형(The Survival Stances)"과 "일치형(Congruence)"에서 설명을 하고 있다. 그 이유는 의사소통 유형은 의사소통 유형 그 자체임과 동시에, 생존을 위한 반응양식 혹은 대처방식이기도 하기 때문이다. 일치형에서 자세히 설명하겠지만, 일치적 의사소통은 언어 표현과 비언어 표현이 일치하는 것을 말한다. 우리가 하는 말과 우리가 보여주는 태도 등이 일치하는 것이다. 그에 반해서 비일치적 의사소통은 자기/ 타인/ 상황을 제대로 인정하지 못하고 하는 의사소통이다.

비일치적 의사소통은 어린 시절 내담자의 생존을 위한 분투의 과정이며, 이는 정신분석의 방어기제와 흡사하다. 다만, 비일치적 의사소통은 특정한 형태의 방어기제보다는 내담자의 경험으로 축적된 의사소통의 일반적인 경향을 표현한다는 점에서 방어기제와 차이를 보인다.

4) "나는 나" 선언문은 김영애의 『사티어 경험주의 가족치료 : 이론과 실제』(2020년 김영애가족치료연구소 출간)에도 실려 있다. 굳이 이를 강조하는 것은 이 글을 읽는 것만으로도 많은 얽매임으로부터 자유로워질 수 있다고 생각하기 때문이다.

5) 비일치적 의사소통[5)]

반대로 비일치적 의사소통이란 언어 표현과 비언어 표현이 일치하지 않는 것을 말한다. 얼굴은 화를 내고 있고 있으면서 "나는 편안해"라고 이야기한다면 언어가 맞는 것인지, 비언어가 맞는 것인지 상대방이 혼란스러울 것이다. 회유형, 비난형, 이성형, 혼란형은 모두 비일치적 의사소통 유형에 속한다. 비일치적 의사소통은 제대로 된 의사소통이 아니며, 인간이 적절하게 기능하는 것을 방해한다.

그림 9-1 사티어 경험적 가족상담에서 생존문제 판단 차원

출처 : Satir et al.(1991), p. 44.

가족 내에서 비일치적 의사소통이 이루어지면 자녀는 이를 배우고 비일치적 의사소통을 하는 사람으로 성장하게 되며, 이는 삶의 곳곳에서 문제를 일으키게 된다. 사티어 등(1991 : 83-85)은 비일치적 의사소통은 자신을 보호하려 만든 생존방식이지만 이에서 벗어날 필요가 있다고 한다. 현재를 긍정적으로 느끼고 행동할 수 있는 자유[6)]를 가져야 한다는 것이다. 사티어는 가족상담 시에 유용하도록 비일치적 의사소통 유형을 나누었다(김영애, 2020 : 109).

상담자도 일치형이 되도록 노력해야 하는데, 예를 들어 회유형 상담자는 지나치게 내담자에게 잘해주려 하기 때문에 쉽게 소진되며, 초이성형 상담자의 경우에는 공감을 못하고 이성적인 정보만을 제공하려고 한다(Satir et al., 1991 : 62, 69).

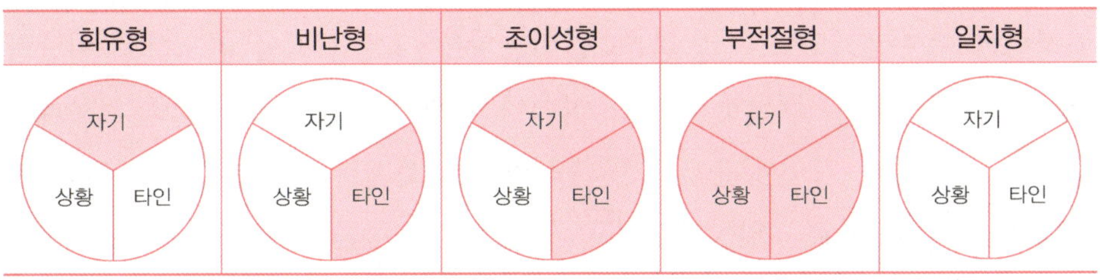

그림 9-2 사티어 경험적 가족상담에서의 의사소통 유형

출처 : Satir et al.(1991), pp. 58-97.

5) 비일치적 의사소통과 관련해서는 그레고리 베이슨(Gregory Bates)의 이중구속(double bind)을 참조하자.

6) 사티어 외(1991 : 85)에는 「다섯 가지 자유」라는 글이 실려 있다. 과거로부터 생긴 잘못된 의사소통 방식을 벗어나서 새로운 가능성을 찾는 것이 필요하다.

사티어 등(1991)은 비일치적 의사소통을 표현하기 위하여 삽화를 사용하였다. 회유형에는 다른 사람을 받들기 위하여 무릎을 꿇고 손을 위로 들고 있는 모습을, 비난형에는 꼿꼿이 서서 다른 사람을 가리키며 비난하는 모습을, 초이성형은 경직된 자세를, 부적절형은 심하게 비틀린 모습을 삽화로 사용하였다. 이러한 삽화들은 비일치적 의사소통을 보다 쉽게 이해할 수 있게 도와준다.

(1) 회유형

회유형은 자기 자신보다 타인과 상황에 맞추려는 생존방식으로 지나치게 희생적이고 친절하다(김영애, 2020 : 110-114; Satir et al., 1992 : 58-62). 외면적으로는 매우 친절한 사람이지만, 이는 실제 평온한 상태의 친절이 아니라 생존을 위해 취한 방법이다. 두루두루 잘 지내며 문제를 일으키지 않으려 하지만, 내적으로는 자기 자신을 가치 있게 느끼지 못하기 때문에 우울이나 자살 등에 빠지기 쉽다. 자기를 상실한 경우이다. 회유형은 회유형의 상대방이 회유형에게 지나치게 의존하는 문제도 발생시킬 수 있다. 모든 것을 남에게 맞추려는 사람은 자신을 잊어버린 것이다.

(2) 비난형

비난형은 자신을 위주로 생각하고 타인을 제대로 인정하지 않는다(김영애, 2020 : 115-118; Satir et al., 1992 : 63-66). 비난형은 다른 사람에게 공격적이고 폭력적이며 이분법적으로 편을 가른다. 비난형은 다른 사람을 공격하고 비난한다. 비난형은 매우 강한 것 같지만 실패에 쉽게 무너지고 내적으로 외로움을 느낀다. 비난형은 타인에게 공포를 불러일으킬 수 있다. 모든 잘못이 다른 사람에게 있다면 관계는 일방향적이고 상호적이지 않을 것이다.

(3) 초이성형

초이성형은 자신과 타인 모두 중요하지 않으며, 지나치게 논리적이고 합리적으로 행동한다(김영애, 2020 : 118-121; Satir et al., 1992 : 67-70). 초이성형은 일견

합리적이며 원칙을 잘 지키는 것으로 보이지만, 자신과 다른 사람에 대한 감정을 억제하고 살기 때문에 주위 사람들로부터 고립되거나 스스로 위축된다. 초이성형이 가진 지나친 이성은 문제에서 인간을 소외시키며, 그렇게 도출된 해결책은 때로 비인간적/ 비인도적일 수 있다.

(4) 부적절형[7)]

부적절형은 자기도, 타인도, 상황도 모두 살피지 않고 엉뚱하거나 자유분방하게 때로는 산만하게 행동을 한다(김영애, 2020 : 121-123; Satir et al., 1992 : 70-73). 부적절형은 주변에 적절하게 반응하지 못하기 때문에 사람들과 적절한 상호작용을 하기가 어려울 수 있으며 상황에 제대로 대처하기 힘들다. 부적절형은 때로 엉뚱하기 때문에 상대하기가 쉽지 않다. 그럼에도 부적절형이 가지고 있는 마음속의 공허함을 우리는 이해하고 부적절형이 일치형으로 변화하도록 도울 필요가 있다. 자기/ 타인/ 상황에서 벗어나기 위한 안간힘이 부적절형의 대처방식을 만들었기 때문이다.

(5) 일치형

일치형은 자기, 타인, 상황을 모두 인정하고 있으며 자기존중감도 높고 기능도 제대로 한다(김영애, 2020 : 107-109; Satir et al., 1992 : 89-97). 자기와 타인, 상황을 있는 그대로 받아들이며, 무시하거나 왜곡하지 않는다. 언어와 비언어적 표현이 일치하고 있기 때문에 건강하고 조화롭다. 일치형은 회유형, 비난형, 초이성형, 부적절형이 가야 할 목적지이자 종착역이다. 그렇지만 일치형이 정적인 상태는 아니다. 일치형은 변화를 수용하고 그 변화에 적절하게 대처하면서 조화를 유지하는 동적인 변화의 상태이며, 있는 그대로를 왜곡하지 않고 받아들일 수 있는 상태이다.

사티어는 회피형, 비난형, 초이성형, 부적절형 모두 생존방식을 변형시켜 일치형으로 나아갈 수 있으며, 부정적인 것을 제거하기보다 새로운 경험을 통해

7) 부적절형을 산만형으로 표현한 책도 많다. 김영애(2020 : 110)에 의하면 사티어 모델을 소개하면서 "irrelevent"를 산만형으로 번역한 것이 내려온 것이라고 설명하면서 부적절형을 산만형, 회피형, 철회형으로 보다 세분화하였다.

변형 과정이 일어난다고 생각하였다(Satir et al., 1991 : 112-115). 간략히 말하면 변형 과정은 각각의 유형에서 내담자가 무시하였던 부분을 수용하도록 하는 것이다. 회유형은 그동안 도외시하였던 자기를 수용하고, 비난형은 다른 사람을 수용하며, 초이성형은 자신과 다른 사람을 공감하고, 산만형은 자기, 타인 및 상황에 적절하도록 하면 일치형으로 나아갈 수 있다.

(6) 빙산 메타포

빙산은 수면 위로 떠올라 있는 부분보다 물속에 잠겨 있는 부분이 많다. 빙산 메타포는 사티어 경험적 가족상담뿐 아니라 다양한 곳에서 잘 보지 못하는 중요한 무언가가 있다는 것을 보여주기 위하여 많이 사용한다. 프로이트 이론에서 무의식을 빙산 그림을 통해 설명한 것이 빙산을 이용하여 보이지 않는 것을 설명한 대표적인 예이다.

사티어의 개인의 빙산을 보면(Satir et al., 1991 : 51-52), 수면 위, 즉 눈에 보이는 형태에는 행동이나 이야기, 그리고 대처방식이 있다. 눈에 보이는 행태를 변경하기 위해서는 행태 그 자체, 즉 행동만을 변경하고자 하면 실패하기 쉽다. 수면 아래 있는 본질이 행태를 좌우하기 때문이다. 내면에 있는 본질에 속하는 것은 가치, 신념, 감정, 지각, 기대, 열망과 같은 요소이며 가장 아래에 "자기(self)"가 자리 잡고 있다. 열망은 사랑이나 성장과 같은 깊은 차원의 바람 내지 갈망이며, 기대는 자신/ 타인에 대한 기대 및 타인의 나에 대한 기대로 나뉜다. 지각은 "신념이나 태도, 가치, 인지 등"이며 어린 시절에 뿌리를 둔다. 감정은 과거로부터 쌓여온 감정들이 축적된 것이고, 대처는 "방어 또는 생존 기제", 즉 생존방식[8]을 의미하며, 행동은 언어/ 비언어를 포함한다(김영애, 2020 : 80-88; Satir et al., 1992 : 180-189).

빙산 메타포가 중요한 이유는 사티어 경험적 가족상담에서는 이들 여섯 수준과 변형 과정, 즉 상담과정이 밀접하게 연결이 되어 있기 때문이다. 사티어의 경험의 여섯 수준은 자기로부터 행동으로 이어지는 각 과정에 대한 구분을

8) 회유형, 비난형, 초이성형, 부적절형의 생존방식의 대처방식을 의미한다.

통하여 내담자의 행동에 대한 보다 깊이 있는 이해를 하도록 도우며 내담자의 변화를 원활히 한다.

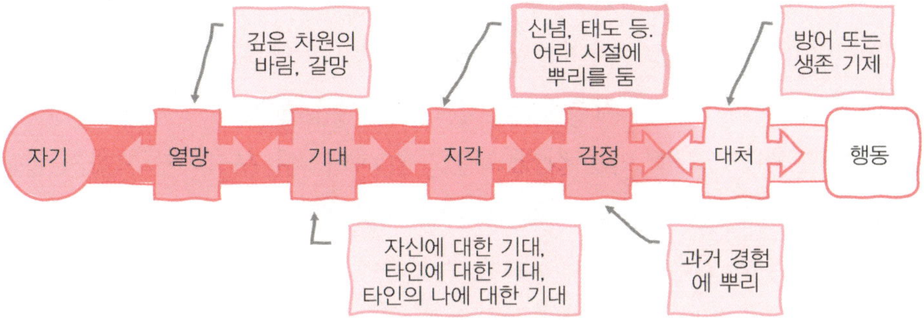

| 그림 9-3 | 사티어의 경험의 여섯 수준과 자아

출처 : Satir et al.(1991), pp. 180-189, 김영애(2020), pp. 80-88에서 인용하여 도식화.

사티어 경험적 가족상담에서는 감정을 어떻게 변화시키는지, 지각을 어떻게 변화시키는지, 어떻게 일치로 나아가는지 등을 다루며 단지 하나의 수준이 아닌 모든 수준에서 작업을 진행한다(Satir, 1991 : 182).

3. 상담목표와 상담기법

1) 치료목표

사티어 경험적 가족상담에서는 개인 내담자의 긍정적인 부분에 초점을 두고 그 자신의 변화와 가족의 변화를 모두 추구한다. 사티어 경험적 가족상담에서는 개인의 성장하고 가족체계가 변화하는 것을 치료목표로 삼는 것이다.

(1) 개인 내담자 치료목표

김영애(2020 : 74)에 의하면, 개인 내담자의 메타 목표는 네 가지로 구성된다. 사티어 경험적 가족상담의 개인 내담자의 메타 목표의 네 가지 키워드는 “자존감”, “선택”, “책임감”, “일치성”이다. “자존감”은 자기 가치를 스스로 인정하는 것이다. 부모의 영향으로 생긴 스스로에 대한 거부를 수용으로 바꾸는 것이다. 이를 바탕으로 내담자는 새로운 행동, 즉 새로운 "선택"과 새로운 경험을 할 수 있게 된다. 사티어의 경험적 가족상담은 이러한 과정을 거쳐 내담자는 사회의 의무에 대한 책임을 넘어 자기를 스스로 "책임"지는 단계로 나아갈 수 있도록 한다. 경험적 가족상담이 최종적으로 추구하는 상태는 "일치성"이다. 일치성이란 나와 환경이 조화를 이룬 상태, 무언가를 속이거나 무시하거나 하지 않고 자기 자신을 고스란히 드러낼 수 있는 연결 상태를 말한다.

내담자가 위와 같은 네 가지 목표를 완성하면 내담자는 보다 기능적인 인간으로 조화로운 삶을 영위할 수 있게 된다.

(2) 가족 재구성 치료목표

사티어 경험적 가족상담의 가족치료 목표는 사티어 경험적 가족상담의 고유 상담기법인 가족 재구성의 목표에서 찾아볼 수 있다.

사티어 경험적 가족치료의 대표적 기법인 가족 재구성의 일반적 목표(Satir et al., 1991 : 265-266)를 보면, 내담자가 부모와의 관계를 재설정하고 높은 자기 가치감을 얻는 것이 가족 재구성을 하는 기본 목표임을 알 수 있다. 사티어 등(1991)은 내담자가 "괴물" 같다고 한 부모를 실제로 만났을 때 내담자가 묘사한 대로의 부모는 아님을 알고 그러한 인식이 내담자의 과거에 기인한 것임을 알게 되었다고 한다. 우리는 어느 날 부모님의 모습이 내가 생각했던 모습과 다르다는 것을 문뜩 깨달을 때가 있다. 부모님의 속내는 그것이 아니었다는 것을 알면서, 어린아이로는 이해할 수 없었던 속사정을 이해하면서 경험과 성장을 하는 것이다. 가족 재구성은 그러한 경험을 강화하는 과정이라 할 수 있다.

가족 재구성이 필요한 이유는 가족이 경험한 그 경험이 현재에 영향을 미치기 때문이며, 과거 경험을 재해석하는 것이 내담자의 성장을 도울 수 있기 때문이다. 내담자가 이러한 잘못된 인식에서 벗어나서 과거에 붙잡힌 삶이 아닌 지금을 살도록 관계성을 회복하고 자아존중감을 높이는 것이 가족 재구성의 치료목표이다.

2) 치료기법

사티어 경험적 가족상담에서 취하고 있는 치료기법은 아래에서 소개하는 가족조각과 가족 재구성 이상으로 많이 존재한다. 영향력의 수레바퀴나 부분들의 잔치 등은 이 책에서 미처 다루지 못하였다. 관련 내용은 『사티어 모델 : 가족치료의 지평을 넘어서』 혹은 『사티어 경험주의 가족치료 : 이론과 실제』를 참조하길 바란다.[9)]

이 책에서는 내담자 개인에 대한 탐색의 기법으로 빙산의 탐색, 가족의 규칙이나 의사소통에 대한 탐색으로 가족조각, 과거 경험을 새롭게 구성해 내는 가족 재구성을 살펴보려 한다.

3) 빙산의 탐색

앞서 살펴본 빙산 메타포는 내담자를 이해하는 데 그 자체로도 훌륭하지만, 빙산의 탐색 기법에서 활용되면서 다양한 수준에서 내담자를 변화시키는 데 사용된다. 빙산 메타포에서 주목한 경험의 여섯 가지 수준은 빙산의 탐색을 통해서 내담자의 변화를 일으키기 위해 상담자가 개입할 수 있는 지점이 된다.

(1) 가족조각

가족조각은 쉽게 말하면 가족이 참여하여 "몸으로" 특정 상황을 연출하는 것이다. 이때 의자나 탁자 같은 도구들을 사용하여 그 효과를 극대화할 수 있다. 가족조각은 신체와 공간, 가구를 이용하여 경험을 극대화하고 가족의 상황을 극명하게 인식시킬 수 있는 도구이다. 가족조각은 상담 현장에서 이루어지기 때문에 즉각적이고 현재적이다. 우리가 말로서 표현하지 못했던 것을 보다 잘 표현하도록 도와주는 것이 가족조각이다(김영애, 2020 : 251-252).

9) 앞서 밝혔듯이 이 책은 가족상담을 시작하려는 사람에게 가족상담을 '안내'하기 위하여 쓰였다. 이 한 권의 책으로 모든 것이 완료되는 것이 아니다. 가족상담에 대한 깊이를 키우기 위해서는 관련 도서와 논문을 읽는 것은 물론 수련과정을 통해서 다양한 사례를 접하고 이를 해결해 나가는 것이 필요하다.

4차 산업 시대에 강력한 동영상 촬영 기능과 사진 촬영 기능을 갖춘 스마트폰을 국민 대부분이 들고 있는 시대에 가족조각이 과연 필요한지가 의문일 수도 있다. 가족조각은 동영상과 사진과는 다른 독특한 점이 있다. 가족조각은 가족의 신체를 도구로 사용하여 특정 상황을 연출하는 데 가족과 가족 사이의 위치의 높낮이 차이, 거리 등을 반영할 수 있다. 또한 몸으로 직접 경험하기 때문에 깊이 있는 인상을 남길 수 있다는 장점이 있다.

어머니가 비난형, 아버지가 회유형, 자녀가 초이성형이라고 한다면 이들 세 가족이 어떤 모습을 하고 있어야 할 것인가? 이들 셋이 모여서 연출하는 광경은 가족이 가지고 있는 대처방식이나 규칙 등을 잘 보여줄 수 있다(김영애, 2020 : 251-253). 예를 들어, 어머니가 아버지와 자녀를 이용하여 자신의 경험을 조각으로 만들고, 아버지와 자녀가 차례로 조각을 만들어 보고 그 경험을 나누는 등 가족이 돌아가면서 자신의 경험이나 느낌을 조각할 수 있다(Satir et al., 1991 : 342-344). 이러한 경험을 통하여 서로를 이해하고 가족의 역기능을 이해할 수 있게 된다.

(2) 가족 재구성

가족 재구성은 내담자가 일치성을 갖도록 하는 상담기법으로 내담자가 지나가 버린 어린 시절의 경험을 새롭게 구성하여 내담자가 새로운 선택의 가능성을 탐색하도록 하는 것을 의미한다(김영애, 2020 : 259-261).

이러한 가족 재구성이 필요한 이유는 내담자들이 과거 경험 특히 가족과의 경험에 시달리고 있기 때문이다. 게슈탈트 상담의 표현을 빌리자면, 내담자들의 이러한 과거 경험을 미해결과제로 시야를 가리는 전경이라고 할 수 있다(김영애, 2020 : 53-54; Thompson, 2003 : 108).[10] 가족 재구성은 내담자가 가지고 있는 미해결과제를 해결하기 위하여 사용되었다.

가족 재구성 작업은 크게 준비 단계와 실시 단계로 이루어진다(Satir et al.,

10) Satir의 작업은 정신분석, 인본주의, 현상학, 게슈탈트 심리치료 등 다양한 학문과 관계를 맺고 있으며(김영애, 2020 : 47-55), 각 학문을 넘나들며 가족문제를 해결하고자 하였다. Satir의 작업은 학제적이며, 예술적인 작업이었다고 평가할 수 있다.

1991). 준비 단계에서는 가족지도와 연대기, 영향력의 수레바퀴 등이 활용되며, 가족에 대하여 감정 등을 포함한 정보를 알 수 있게 된다. 실시 단계에서는 스타를 중심으로 가족의 경험과 가족의 규칙, 의사결정 유형 등을 파악한 후에 성취하고 싶은 목표를 정한다. 목표를 정한 후에는 스타와 가족들이 가족조각 등을 통해서 과거를 탐색하게 하고 새로운 선택 가능성을 모색하도록 한다. 새로운 가능성이란 이전까지 해왔던 대처방식 대신에 새로운 방식을 선택하도록 하는 것이다.

가족 재구성은 일련의 활동을 통해 가족구성원이 일치성을 높일 수 있는 방식을 모색하는 것이라 할 수 있으며, 미해결과제를 해결하고 새로운 변화를 추구하도록 도와주는 일련의 활동이라고 할 수 있다.

"To Be Continued"는 [나]의 선택!

[오늘의 책]

Virginia Satir(1991). 『사티어 모델 : 가족치료의 지평을 넘어서(The Satir Model - Family Therapy and Beyond)』. 김영애 역(2000). 김영애가족치료연구소.

『사티어 모델 : 가족치료의 지평을 넘어서』는 사티어가 가지고 있던 생각과 변화의 과정을 보여준다. 이 책은 읽기도 쉽고 관련 예시 또한 풍부하게 들어 있다. 우리의 모습을 담은 삽화를 보면 만화의 한 장면을 보는 것 같아 부담이 없으면서도 심금을 울리는 찡함이 있다.

사티어가 주최한 워크숍에 참가한 내담자는 사티어의 질문을 통해 두려운 과거가 더 이상 현실이 아님을 자각하고 현실에서 살아갈 힘을 갖게 된다. 대답을 한 참가자뿐 아니라 현장에 있던 다른 사람들, 그리고 사티어의 질문을 글로 읽는 독자들 모두가 유사한 경험을 할 수 있다.

나는 사티어 경험적 가족상담의 보편적 신념과 원칙을 읽고서는 왈칵 눈물이 고였다. "부모들은 그 당시에는 그들 나름대로 최선을 다하였다."(Satir et al., 1991 : 37)라는 글귀는 부모에게 특별한 정서를 느끼는 대부분의 사람들에게 감정을 불러일으킨다. 나 자신이 부모가 되었지만, 인간적인 연약함을 많이 느끼며 부모로서 한계를 절감한다. 부모님이 기울였던 노력이 잘못되었든 잘되었든 그 의도에 대해서 부모님께 고마움을 느낀다. 개개인이 느끼기에 자신의 삶은 드라마보다 더 드라마 같고, 영화보다 더 영화같으며 그중 상당 부분이 가족이야기이다. 사티어의 보편적 신념과 원칙이 우리 삶의 일부분으로 느껴지는 이유이다.

사티어 경험적 가족상담이 제시하는 변화를 위한 상황이나 단계, 상호작용 요인들의 과정 등은 교과서상에서는 축약해서 들어가 있어 이해하기가 쉽지 않지만, 이 책에서는 이를 쉽게 풀어써 주고 있다. 앞서서도 밝혔지만, 10여 쪽의 이론에 대한 소개로 거인(巨人)의 발자취를 제대로 담기가 쉽지 않다. 독자들이 이 책을 읽어보고 가족상담의 어머니라고 불렸던 사티어의 가족상담을 경험해 보기를 바란다. "To Be Continued"는 이 글을 읽는 [나]의 선택이다.

CHAPTER 10

인지행동 가족상담

학습목표

1. 인지행동 가족상담의 개요와 기본전제를 설명할 수 있다.
2. 인지행동 가족상담의 주요 원리와 개념을 설명할 수 있다.
3. 인지행동 가족상담의 상담목표와 상담기법을 설명할 수 있다.

주요 용어

고전적 조건형성	조작적 조건형성
강화와 처벌	모델링
체계적 둔감법	소거
타임아웃	토큰강화/ 토큰경제
유관계약	프리맥 원리
합리적 정서행동 치료	인지 재구조화

1. 개요와 기본전제

인지행동주의는 상담 현장 어디에서나 유용하게 사용되는 기법이다. 파블로프(Pavlov)로 시작되는 행동주의는 인간의 언어나 기호체계의 작용을 강조한 인지와 결합되어 인지행동주의로 발전한다. 행동주의는 사실 우리 생활에 매우 밀접하다. 왜 쇼핑몰에서는 쿠폰을 줄까? 광고에서는 왜 외모가 출중한 모델들이 나올까? 게임에서는 왜 확률형 아이템을 팔까? 행동주의는 이런 우리 주변의 소소한 일상생활 속에 이미 들어와 있다.

1) 우리는 경험을 통해서 배운다

행동주의는 인간이 어떻게 학습을 할 수 있는지에 대해 큰 영향을 끼쳤다. 파블로프는 개가 정상임에도 종소리를 듣고 침을 흘리게 만들 수 있음을 실험으로 증명하였다. 음식을 줄 때마다 종소리를 들려주자, 개는 음식과 종소리를 연결시켰고, 음식 없이도 종소리가 연상되어 침을 흘렸다. 인간도 이와 유사한 방식으로 무언가를 배운다. 학창 시절 쉬는 시간 종소리만 들리면 배가 고팠다. 어느 순간 파블로프의 개가 된 것이다.

행동주의는 임상에서 다양한 문제 행동을 고치는 데 상당히 많이 사용되는 방법이다. TV에서 자녀와 관련된 문제를 수정하려고 할 때도 행동주의에서 사용되는 방법들이 기본적으로 사용된다. 떼를 쓰는 아이에게 일일이 반응하기보다는 무관심하라는 것을 학술용어를 사용하여 이야기를 하자면, 떼를 쓰는 아이가 원하는 '관심'을 '보상'으로 주지 말라는 이야기이다. 혼을 내는 것도 관심의 일종이기 때문에 부모가 아이를 혼내더라도, 아이는 충분히 보상을 받고 있는 것이다.

2) 인간은 생각에 의해서도 자기 강화가 일어난다

원래 정신분석 상담자였던 앨버트 엘리스(Albert Ellis)는 그가 인지행동 치료법을 개발하게 된 과정을 『Reason and Emotion in Psychotherapy』(Ellis, 1962)에서 자세하게 기술하고 있다. 엘리스가 의문을 품었던 주요 의문은 다음과 같다.

① 정신분석기법을 이용하여 무의식적으로 억업되어 있다는 것을 알아냈음에도 불구하고, 증상이 사라지지 않을까?

② 행동주의에 의하더라도 이미 죽었거나 관계가 단절된 부모는 현 시점에서 내담자에게 어떤 물리적 접촉도 없고 영향력도 없는데, 어렸을 적 학습의 효과가 계속될까?

엘리스는 정신분석의 한계를 경험하고, 행동주의에서 그 대안을 찾았으나 행동주의도 어렸을 적 경험이 아무런 강화나 처벌이 이루어지지 않는 성인에게도 지속적으로 영향을 끼친다는 것을 설명하기 어렵다는 점을 발견하였다. 엘리스가 해결점을 찾은 것은 인간은 언어를 비롯한 기호체계나 상징체계를 사용할 수 있고, 자신의 신념을 통해서 계속적으로 비합리적인 행동을 강화할 수 있다는 점이다. 즉, 신념을 통해서 강화가 일어난다는 것이다.

신념이 문제라면 신념을 해결하면 된다. 내담자가 이러한 가설을 납득하려면 일종의 과정이 필요하였고 이를 정리한 것이 엘리스의 REBT(Rational Emotive Behavior Theory)이다. REBT는 비합리적인 신념을 찾아내고 이 비합리적인 신념이 더 이상 내담자의 삶에 영향을 끼치지 못하도록, 즉 내담자의 증상을 강화하지 못하도록 차단하는 것을 목적으로 한다.

2. 주요 원리와 개념

1) 고전적 조건형성

고전적 조건형성은 자극이 일어나지 않는 상황에서 자극을 일으키는 것이다. 개는 원래 종소리를 들으면 귀를 쫑긋하지 침을 흘리지 않는다. 파블로프는 1897년에 수행한 실험을 통하여 개가 종소리에 침을 흘리도록 만들었다. 원래 일어나지 않던 행동을 만들어낸 것이다.

자극이 원래 일어나는 자극물, 예를 들어 음식물(무조건 자극)을 별 반응을 일으키지 않는 자극물, 예를 들어 종소리(중립 자극)와 함께 제시하는 것을 반복하면 조건형성이 된다. 중립 자극은 조건 자극이 된다(종소리에 침을 흘리도록 학습이 되었다). 조건 자극만 제시가 되어도 해당 반응이 일어난다(종소리만 들어도 침을 흘린다).

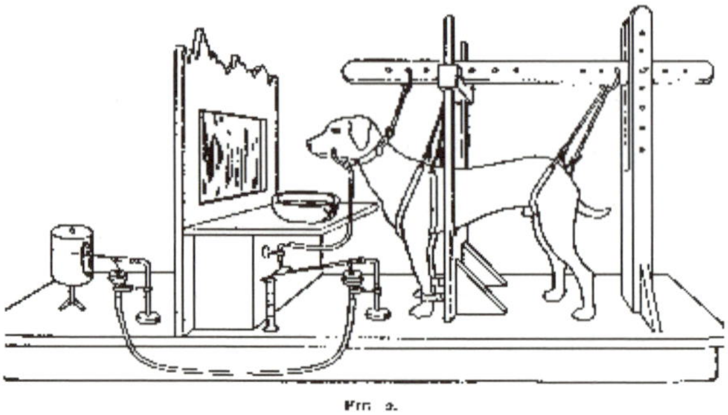

❙그림 10-1❙ 파블로프의 실험 장면

출처 : 위키피디아(원출처 : https://doi.org/10.1037/h0070886).

고전적 조건형성이 책마다 나오는 이유는 원래 그렇지 않은 것을 그렇게 만들었기 때문이다. 다들 알다시피 사이다를 생각하면 무엇이 떠오르는가? 사이다는 톡 쏘는 탄산이 들어가 있는 음료이다. 우리는 사이다가 가진 것 이상의 상쾌함을 상상하고는 한다. 이는 사이다를 광고할 때, 상쾌한 장면을 보여주기 때문일 수 있다. 사이다를 보기만 해도, 사이다 광고를 할 때의 상쾌한 장면이나 모델이 연상되는 것이다.

고전적 조건형성은 경험에 의하여 조건화가 이루어지며, 조건이 반응보다 먼저 나온다.

2) 조작적 조건형성

조작적 조건형성[1)]이 고전적 조건형성과 다른 점은 먼저 행동을 하면 보상(고전적 조건형성에서는 자극)이 뒤따라온다는 것이다. 스키너(Skinner)의 실험에서는 쥐가 막대를 누르면 먹이를 준다. 쥐가 생각하기를 '막대를 누르면 먹이가 나오는구나'라고 생각을 한다면, 조작적 조건형성이 된 것이다.

조작적 조건형성은 행동이 일어난 후에 보상을 뒤따르게 하면 그 행동을 점

1) 조작적 조건형성은 operant conditioning의 번역이다. 조작을 표준국어대사전에서는 '어떤 일을 사실인 듯이 꾸며 만듦'이라고 뜻풀이를 한다. 조작하면 뭔가 공작이나 음모 등이 떠오르는 것이 당연하지만, 여기서는 단순히 작동시킨다는 의미로 쓰인 것이다. operant는 움직이는, 자발적인의 뜻이 있는 형용사이다. 조작적 조건형성은 자발적 행동에 의한 조건형성이라고 생각하면 된다.

점 많이 하도록 조건형성이 됨을 뜻한다. 조작적 조건형성에는 행동을 많이 하도록 하는 것도 있지만 처벌을 통해서 행동을 줄이는 것도 존재한다.

조작적 조건형성이 중요한 이유는 칭찬과 격려, 인센티브, 보너스 등이 조작적 조건형성과 관련이 있기 때문이다. 조작적 조건형성은 행동(막대를 누르는 것)이 먼저 이루어진 후에 보상(먹이)이 주어진다. 조작적 조건형성이 인간의 자발성을 촉진하는 것에 대해서는 논란이 있다.

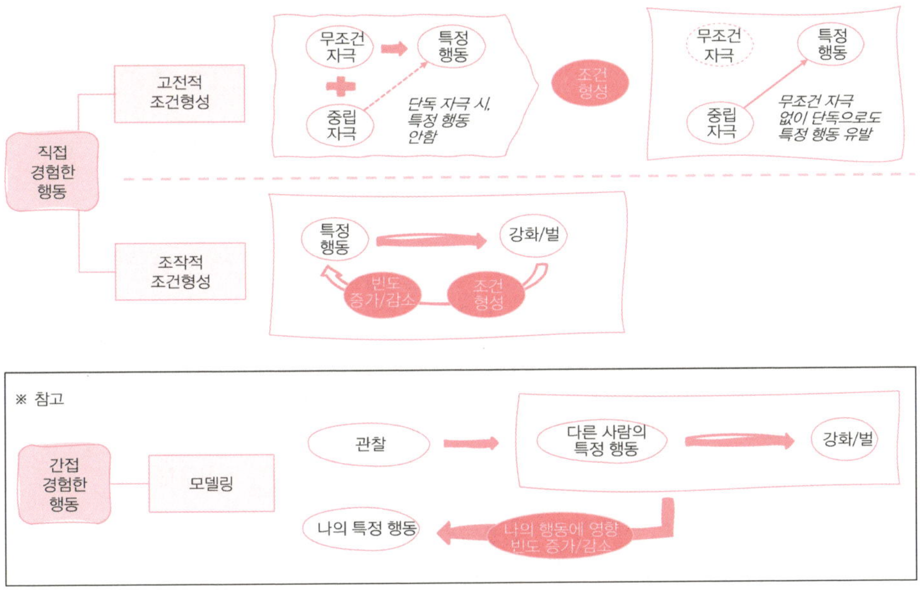

| 그림 10-2 | 고전적 조건형성과 조작적 조건형성 비교

3) 강화와 처벌

강화와 처벌은 행동의 빈도에 대한 조절과 관련된 개념이다. 강화는 행동을 늘리는 것이고, 처벌은 행동을 줄이는 것이다.

강화와 처벌 모두 부정적 요소와 적극적 요소를 사용할 수 있다. 예를 들어, 정리 정돈을 할 때, 칭찬을 하면 행동을 더 자주할 것이고, 혼내면 행동을 줄일 것이다. 칭찬은 적극적 강화이고, 혼내는 것은 적극적 처벌이다. 또 다른 예로, 쓰레기를 아무 데나 버릴 때, 게임 시간을 줄인다면 이는 긍정적 요소를 제거하는 소극적 처벌이다. 쓰레기를 쓰레기통에 버릴 때, 벌점을 없애준다면 이는 소극적 강화이다.

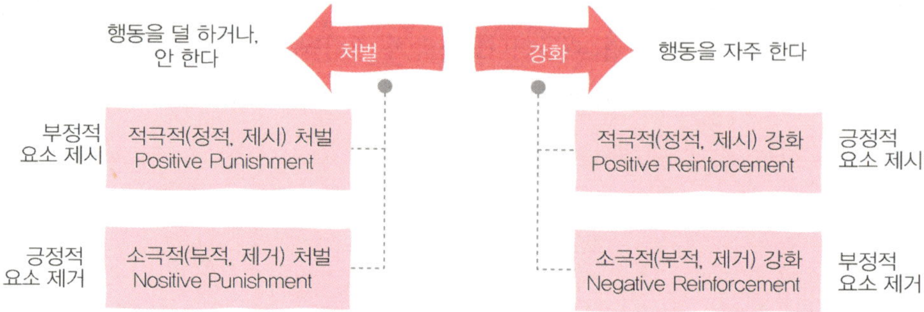

| 그림 10-3 | 강화와 처벌의 개요

적극적 처벌, 즉 정적 처벌의 경우에는 도덕적·윤리적으로 문제가 될 수 있기 때문에 사용에 유의해야 한다. 적극적 처벌은 직접적인 행위를 하기 때문이다(Miltenberger, 2001 : 311). 또한 처벌은 적극적 처벌이 아니라 적극적 강화로도 작용할 수가 있는 등 방향이 일정치 않다는 문제도 있다(문선모, 2007 : 126).

통상적으로 적극적 강화는 긍정적 요소가, 적극적 처벌에는 부정적 요소가 제시된다. 그렇지만 항상 그렇지는 않다. 예를 들어, 상담 시에도 많이 나오는 상황으로 관심을 끌려는 아이가 떼를 쓸 때, 부모가 혼을 내는 상황을 생각해 보자. 부모는 부정적 요소를 제시해서, 즉 혼을 내서 아이의 행동이 감소한다고 생각할 것이다. 그러나 아이의 입장에서는 부모의 관심을 이끌어내는 데 성공했기 때문에 부모가 혼을 내는 행동은 오히려 적극적 강화로 작용할 것이다(Miltenberger, 2001).

> **메모**
>
> 강화와 처벌은 통상의 생각과는 달리, 행동 빈도를 늘리느냐 줄이느냐로 결정된다(Miltenberger, 2001). 동일한 행동도 받아들이는 사람에 따라서 강화가 될 수 있고 처벌이 될 수도 있다(문선모, 2007). 즉, 꾸짖는 행위나 벌점 등이 처벌로만 작용하지 않는다는 점을 상담 현장에서 기억해야 한다.

4) 모델링

모델링은 다른 사람의 행동이 어떻게 강화나 처벌을 받는지를 관찰하고 이를 통하여 자신의 행동을 늘리거나 줄이는 것을 말한다. 모델링은 고전적 조건형성이나 조작적 조건형성과 달리 직접 경험하지 않은 것을 학습한다는 점에서 차이가 있다. 모델링은 가족 내에서 부모를 자녀가 모방하는 등 가족구성원 간에 일어나기도 하고, 상담 현장에서 내담자가 상담자를 모방하는 식으로 나타나기도 한다(최규련, 2012; 최연실 외, 2020).

5) ABC 이론

합리적 정서행동 치료의 기본모형인 ABC 모형은 사건을 의미하는 A(Acting event), 신념을 의미하는 B(Belief), 결과(내담자 반응)를 의미하는 C(Consequence)로 이루어진다. 신념이 비합리적인 경우에 문제가 생기는데, 예를 들어 반드시 무언가를 해야 하거나, 극단적으로 자신을 무가치하다고 생각하거나, 상황을 너무나 끔찍하게 생각하는 등 '경직된 사고'를 가지고 있는 경우에는 촉발될 사건 A가 비정상적인 결과인 C를 가져오게 된다. 따라서 비합리적인 신념, 경직된 신념을 바로 잡을 필요가 있다(김지영 · 박선영, 2022 : 166-167; Dryden, 2009 : 38-40).

ABC 이론에 의하면, 실직에 의해서 무기력에 빠졌다면, 실직 그 자체가 무기력을 일으켰다기보다 실직에 대한 신념이 무기력이라는 결과를 일으킨 것으로 본다(Corey, 2009). 실직에 대한 경직된 신념은 결과를 한 방향 혹은 극단적으로 생각하게끔 하며, 경직된 신념으로 인해서 내담자는 바람직하지 못한 상황에서 헤어나오지 못하는 것이다.

3. 상담목표와 상담기법

1) 치료목표

인지행동 가족상담의 치료목표는 잘못 학습된 결과를 바로 잡아서 상황에 적합하게 행동을 하게 하는 것이다(최규련, 2012; Griffin & Greene, 1999). 다시 말하면 잘못된 행동은 줄이거나 없애고, 좋은 행동은 늘리거나 유지하는 것이다.

잘못된 행동이 지속적으로 강화를 받는다면 사라지지 않는다. 잘못된 행동을 줄이기 위해서는 잘못된 강화가 일어나는 지점을 파악하고 잘못된 행동에 대한 강화를 없애야 한다. 만약 강화가 잘못된 신념에 의한 것이라면, 잘못된 신념을 바로 잡는 과정이 필요하다.

2) 치료기술

(1) 체계적 둔감법

체계적 둔감법은 고전적 조건형성을 이용한 기법으로 공포심을 줄이기 위하여 많이 사용된다. 체계적 둔감법은 약한 자극부터 시작하여 강한 자극까지 차례로 진행되며, 각 단계에서 이완 기법을 통해서 자극에 둔감해지도록 한다(Nichols & Schwartz, 2007).

(2) 소거

소거는 이미 조건형성이 된 행동이 더 이상의 강화가 없을 경우 빈도가 줄어들면서 없어지는 것을 말한다. 예를 들어, 쥐가 막대를 누르면 먹이가 나오자 막대를 누르는 행동을 하다가 막대를 눌러도 더 이상 먹이가 나오지 않는다면 행동을 멈추는 것이다. 가족구성원이 관심을 끌기 위한 행동을 할 때, 관심을 주지 않는다면 강화가 일어나지 않고 문제 행동을 중지하게 되는데, 이는 소거의 예이다(최연실 외, 2020; Miltenberger, 2001).

(3) 타임아웃

행동을 감소시키기 위하여 자녀를 구석에 앉아있게 하거나 각자 방으로 보내는 것이다. 타임아웃에는 잠깐 벗어남, 휴식 등의 의미가 있다. 타임아웃은 진정할 시간을 부여할 뿐 아니라, 내담자에게 긍정적인 보상인 시간을 제거함으로 부정적 행동을 줄이는 소극적 처벌의 효과도 갖는다. 소극적 처벌[2]의 형태로 긍정적인 보상을 일시적으로 하지 못하도록 하는 것이다(문선모, 2007 : 126).

(4) 행동조성

행동조성은 행동형성으로 번역이 되기도 하는데, 행동을 여러 단계로 나누어서 차츰 목표에 근접하도록 강화하는 것을 말한다(최연실 외, 2020; Miltenberger, 2001). 참고로 일련의 순차적 행동을 학습하는 것은 행동연쇄라고 한다(Miltenberger, 2001).

(5) 토큰강화와 토큰경제

토큰강화는 점수나 스티커 등을 통해서 잘한 행동에 대해서 보상을 해주는 것이다. 토큰경제는 긍정적 행동에는 점수를 부여하고, 부정적 행동에는 점수를 상실하도록 하여 바람직한 행동은 늘리고, 바람직하지 않은 행동은 줄이는 것을 의미한다(최연실 외, 2020; Miltenberger, 2001).

(6) 유관계약

유관계약은 긍정적인 행동을 강화하기 위하여 상호 간에 계약을 맺는 것으로, 상호 간에 바라는 행동을 서로 하도록 계약을 체결한다(최연실 외, 2020; Becvar & Becvar, 2015). 부부간에 보상목록을 작성하여 계약을 맺는 경우도 있고, 부모-자녀 간에 계약을 맺는 경우도 있다(최연실, 2020; Nichols & Schwartz, 2007).

---

2) 소극적 처벌이란 바람직한 보상을 주지 않거나 뺏는 것이다. 바람직한 보상에는 칭찬이나 인정과 시간 등이 있다.

(7) 프리맥 원리

프리맥(Premack)의 원리란 프리맥(D. Premack)이 발견한 원리로 발생 빈도가 낮은 활동을 좀 더 하도록 장려하기 위해서 선호하는 행동을 강화물로 제시하는 것이다(문선모, 2007 : 115; Nichols & Schwartz, 2007 : 315). 예를 들어, 가족구성원이 좋아하는 것을 조사한 후, 일정한 행동을 하면 좋아하는 행동(예를 들어, 게임하기)을 하도록 한다.

(8) 합리적 정서행동 치료

REBT는 Rational Emotive Behavior Therapy의 약자로 합리적 정서행동 치료로 번역이 된다. 합리적 정서행동 치료는 엘리스가 고안한 것으로 행동에 있어서 인간의 신념의 역할을 강조한다.

앞서 ABC 모델을 살펴보았는데, 합리적 정서행동 치료는 ABC에 D를 붙여서 수행된다. D는 논박을 뜻하며, 논박을 통해서 비합리적 신념을 깨닫고 인지재구조화를 이루게 된다(Corey, 2009 : 294).

(9) 인지 재구조화

인지 재구조화는 비합리적인 신념에서 벗어나 합리적 신념을 갖도록 하는 것을 말한다(Becvar & Becvar, 2013 : 280; Miltenberger, 2001 : 449). 앞서 말한 경직된 사고는 사건과 결과를 매우 비극적으로 만들며, 이는 지속적으로 강화가 된다. 상담자는 비합리적 신념을 깨고 합리적인 신념을 갖도록 돕는다. 밀텐버거(Miltenberger, 2001 : 449-450)에 의하면 인지 재구조화는 다음의 3단계로 구성된다고 한다. 1단계 사건과 사건의 발생 상황을 확인하도록 돕는 것, 2단계 사건에 뒤따르는 정서나 행동의 결과에 대해서 확인하도록 돕는 것, 3단계 비합리적 사고를 멈추고 바람직한 사고를 하도록 돕는 것이다. 즉, 사건과 사건으로 인한 결과가 합리적으로 이어질 수 있도록 하는 것이다.

"To Be Continued"는 [나]의 선택!

[오늘의 책]

Ellis & Maclaren(2007). 『합리적 정서행동 치료(Rational Evotive Behavior Therapy: A Therapist's Guide(2nd))』. 서수균 · 김윤희 역(2007). 학지사.

이 책에서는 프로이트의 세례를 받은 앨버트 엘리스라는 학자이자 임상심리사가 가진 고뇌의 과정을 엿볼 수 있다. 내담자의 상태를 호전시키기 위한 노력에도 불구하고 내담자가 좋아지지 않을 때, 상담자는 좌절한다. 상담자는 스스로의 자질을 의심하고 급기야는 자신의 상담기법을 의심하게 된다. 앨리스의 고민의 과정을 읽는 것만으로도 이 책은 의미가 있다. 이 책을 통해서 독자는 합리적 정서행동 치료 모델(REBT)이 탄생하는 순간을 앨리스와 같이 기뻐할 수 있다. REBT 기법에 대한 이해는 덤이다. "To Be Continued"는 이 글을 읽는 [나]의 선택이다.

CHAPTER 11

해결중심 가족상담

학습목표

1. 해결중심 가족상담의 개요와 기본전제를 설명할 수 있다.
2. 해결중심 가족상담의 주요 원리와 개념을 설명할 수 있다.
3. 해결중심 가족상담의 상담목표와 상담기법을 설명할 수 있다.

주요 용어

해결	간략화
상담자와 내담자 관계(고객형, 불편형, 방문형)	
해결지향적 질문(변화 질문, 예외 질문, 기적 질문, 척도 질문, 대처방법)	

1. 개요와 기본전제

해결중심 가족상담은 스티브 드 세이저(Steve de Shazer)와 김인수 버그(Insoo Kim Berg)를 중심으로 탄생하였다(Nichols & Schwartz, 2007 : 397). 드 세이저와 김인수 버그는 부부 사이로 동료들과 함께 1978년에 미국 밀워키에 단기가족치료센터(Brief Family Therapy Center)를 설립하였다. 해결중심 가족상담은 다른 상담에 비해서 단기로 진행되는 경우가 많아 해결중심 "단기"가족상담이라고 불리기도 한다. 드 세이저는 해결중심 가족상담을 강연하기 위하여 아내인 김인수와 유럽을 여행을 하던 도중 비엔나에서 사망하였다.[1] 해결중심 가족상담

1) The Guardian. 2005. 10. 13. Steve de Shazer.
https://www.theguardian.com/news/2005/oct/13/obituaries.mainsection

을 확산시키려던 드 세이저와 김인수 부부의 노력을 엿볼 수 있는 대목이다. 해결중심 가족상담은 전 세계에서 각광을 받아 드 세이저와 김인수는 여러 나라에서 훈련 세션 및 워크숍을 진행하였다.

알코올중독 등 어려움을 겪는 내담자가 해결중심 상담으로 문제에서 벗어나는 등 해결중심 가족상담의 성공 사례는 수없이 많다.[2)]

1) 기본전제

(1) 원인 규명보다 더 중요한 것은 해결

감기에 걸려 병원에 가면 콧물을 자세히 검사하여 감기의 원인이 되는 바이러스와 세균을 조사하여 어떤 바이러스임을 규명하고 그 바이러스를 사멸(死滅)시키기 위한 약을 처방할까? 통상 이렇게 감기를 치료하지 않는다. 아니 못한다. 병원에서는 일반 상황에서는 감기를 일으키는 수많은 바이러스와 세균[3)]이 무엇인지 규명하지 않는다. 코로나19처럼 매우 치명적인 질병이거나 위중한 상황이 아니라면, 감기에는 증상을 완화시키는 치료법, 즉 대증요법을 사용한다. 콧물이 나면 콧물이 완화되는 약을, 열이 높으면 열을 낮추는 약과 방법을 처방하는 것이 대표적 감기 치료방법이다. 원인을 해결하는 것이 아닌 해결 상황을 찾아서 이를 극대화하는 대증(對症) 치료이다. 통상의 암 치료가 원인이 되는 암을 떼어 내거나 표적 치료제를 통해 암세포를 죽이는 것을 목표로 하는 데 비해서 대증 치료는 증상을 없애는 데 주력한다.

해결중심 가족상담이 지양하는 것은 감기 치료방식과 비슷하다. 해결중심 가족상담에서 치료약은 가족이 "건강할 때"이다. 아플 때 "왜" 아픈지를 보기보다 조금이라도 나아졌을 때 "어떤 상황" 혹은 "무엇을 했는지"를 본다. 이를 버그와 밀러(Berg & Miller, 1992 : 17-18)는 "정신건강에 대한 강조"라고 하였다.

2) 해결중심 가족상담이 가족이 겪고 있는 문제의 만병통치약은 아니다. 현실에서는 내담자에 맞는 가장 적절한 방법을 찾아서 통합적인 상담이 이루어질 필요가 있다.

3) 질병관리청 국가건강정보포털.
https://health.kdca.go.kr/healthinfo/biz/health/gnrlzHealthInfo/gnrlzHealthInfo/gnrlzHealthInfoView.do?cntnts_sn=4456

문제를 해결하는 것은 원인을 분석하는 것이 아니라 결국 행동을 바꾸는 것이다(O'Hanlon, 1999 : 41).

앞서 살펴보았던 초기 가족상담이론들은 일종의 원인을 찾고 그 원인에 맞춤형 처방을 한다. 해결중심 가족상담은 초기 가족상담이론들이 필요 없다는 것이 아니라 초기 가족상담이론이 보지 못했던 “해결”이라는 측면을 발견하였다.

해결중심 가족상담은 또한 과거보다 “현재와 미래”를 중시한다(Berg & Miller, 1992 : 32-33). 아래서 살필 “기적 질문”을 사용하는 것도 이 때문이다.

(2) 사회구성주의와 해결중심 상담

어린 시절, 마테를링크가 쓴 동화책 『파랑새』는 결말이 충격적이었다. 주인공 틸틸과 미틸은 요술 할머니가 부탁한 파랑새를 찾아서 모험을 한다. 파랑새는 닿을 듯 닿을 듯 찾지 못하고 집에 온 주인공들은 자기 집에서 파랑새를 발견한다. 해결중심 가족상담은 멀리서 해결책을 찾는 것이 아니라 내담자인 가족이 이미 해결책을 가지고 있다고 생각을 하고 그 해결책을 발견하기 위하여 노력한다. 모험의 과정이 의미가 없는 것이 아니지만(그렇다면 소설은 한 페이지로 끝났을 것이다) 얻고자 하는 것은 어쩌면 훨씬 더 쉽게 얻을 수 있었다.

해결중심 가족치료는 사회구성주의의 영향을 받았다(정문자 외, 2006 : 8). 이 말은 해결중심 가족치료가 갖는 독특성을 표현한 것이다. 해결중심 가족치료에서 치료자의 역할은 치료자가 전문적으로 가지고 있던 특정한 기법을 강조하는 것이 아니라 문제가 조금이라도 해결된 상황을 찾고 이를 극대화하는 것이다. 해결중심 가족치료를 사회구성주의로 분류하는 것은 해결중심의 주체가 상담자가 아닌 내담자이기 때문이다.

상담자가 내담자에게 전략을 짜주는 것은 상담자가 이미 가지고 있던 어떤 것이 아니라 내담자가 이미 가지고 있던 해결책을 발견하도록 도와주는 과정이다. 해결중심 가족삼담에서는 내담자가 언제나 일정하게 우울하거나 문제를 일으키지 않는다는 점에 주목한다. 내담자는 상담 자리에 오기 전 증상의 완화와 악화를 반복해서 경험해 왔다(Berg & Miller, 1992 : 30-31).

2. 주요 원리와 개념

1) 문제 측정보다 해결책을 강조

환자가 병원에 방문했다. 의사가 아픈 곳은 심드렁하게 넘기더니 안 아플 때가 언젠지, 어떻게 안 아플 수 있는지 자꾸 묻는다. 이런 병원에 간다면 어떤 생각이 들까? 해결주의 가족상담에서는 건강함을 강조한다(Berg & Miller, 1992 : 17-18). 문제 상황을 파고들어서 문제가 일어난 근원의 근원까지 샅샅이 찾기보다는 문제 상황이 개선된 지점을 파고든다. 이와 같은 접근은 해결주의 가족상담의 독특한 접근으로 "문제 측정(problem meters)"보다 "해결책"을 강조하는 것이다.

내담자가 문제에 대한 관점과 해결책을 가지고 있다.

전통적인 가족상담이론에서는 가족상담자는 전문가 위치에서 문제를 진단하고 해결방법을 제시한다. 가족상담자는 자신이 보는 문제 틀을 가지고 가족을 진단하기 때문에 "가족이 어떤 측면에서 문제다"라는 전문가적 시각을 가진다. 해결중심 가족상담에서는 문제가 무엇인지, 또 그 문제에 대한 목표는 무엇이 될 것인지를 전문가인 상담자가 일방적으로 결정하는 것이 아니라 내담자가 결정한다. 버그와 밀러(Berg & Miller, 1992)는 이를 "탈이론적/ 비규범적/ 내담자가 결정한 관점"이라고 불렀다.

상담자가 전지전능한 것도 아니고, 상담자가 생각하는 사회 규범이 절대적인 것도 아니다.[4] 포스트모더니즘 시대에는 파랑새는 다른 곳에 있지 않고 우리집에 있다. 그 파랑새가 아직 성숙하지 않아서 해결책으로 보이지 않을 수도 있다. 해결중심 가족상담자는 내담자가 그동안 삶에서 벌여왔던 분투(奮鬪)의 기록을 살펴보고 그 가운데 성공 경험, 해결책을 찾도록 노력해야 한다.

4) 이는 상담자가 모든 문제에 대해서 완전히 비규범적이어야 한다는 의미는 아니다. 이 부분에 대해서는 가족상담자의 윤리 부분에서 보다 자세히 다루도록 한다.

2) 간략화

해결중심 가족상담의 특징인 단기는 영어로는 "Brief"이다. Brief는 단기라는 의미도 있지만 간단하다는 의미 또한 담고 있다. 문제가 매우 복잡해 보여도 작은 계기가 큰 변화를 일으킬 수 있다(Berg & Miller, 1992 : 25-28). 복잡한 해결책이 언제나 더 나은 것은 아니다. 해결주의 상담 사례집(정문자 외, 2006)에 나오는 사례들은 대부분 2회기, 3회기, 6회기 등 단기 상담을 하였으며, 상담에서 제시하고 있는 전략 등도 비교적 간단하다. 문제가 복잡해도 해결책이 복잡할 필요는 없다. 자동차가 복잡하지만, 핸들과 페달로 복잡한 자동차를 움직일 수 있는 것처럼 간단하고 단순한 성공이 많은 것을 바꿀 수 있다.

3) 효과가 있는 것을 하라

상담자를 찾아온 내담자는 이미 수많은 실패를 한 경우가 많다. 이후 챕터에서 다룰 가족상담의 과정 중 처음 상담 접수를 받을 때 물어보는 질문이 이전에 상담을 받은 경험이다. 이전에 실패했던 경험들을 다시 반복하지 말고, 문제가 되지 않는 것은 건드리지 말고, 해결에 집중하는 것이 해결중심적 단기가족치료의 "중심철학"이다(Berg & Miller, 1992 : 38). 해결책은 사전에 결정된 것이 아니고, 변함 없이 늘 작동하는 것이 아니다. 해결책도 변할 수 있다. 상담자는 내담자의 변화에 집중하여 현재 효과가 있는 해결책을 찾도록 도와야 한다.

3. 상담목표와 상담기법

1) 치료목표

해결주의 가족상담의 치료목표는 내담자가 스스로 해결책을 찾고, 그 해결책을 실천하여 문제 상황을 해결하는 것이다. 해결주의 가족상담의 목표는 상담자가 제시한 목록을 내담자가 완료하는 것이 아니다. 내담자가 스스로 원하는 것이 무엇인지, 그리고 그 목표에 도달하기 위해서 무엇을 할 것인지를 정한다.

버그와 밀러(Berg & Miller, 1992 : 66-82)는 상담의 목표를 정하기 위하여 참고하면 좋을 일곱 가지 원칙을 제시하였다.

1. 내담자에게 중요한 것을 목표로 하기
2. 작은 것을 목표로 하기
3. 구체적이며 명확하고 행동적인 것을 목표로 하기
4. 없는 것보다 있는 것에 관심 두기
5. 목표를 종식보다는 시작으로 간주하기
6. 내담자의 생활에서 현실적이고 성취 가능한 것을 목표로 하기
7. 목표 수행은 힘든 일이라고 인식하기

출처 : Berg & Miller(1992), pp. 66-82.

해결주의 가족상담에서는 거창한 기법이나 프로젝트를 강조하지 않는다. 내담자는 자신에게 정말 소중한 것은 무엇인지 그 소중한 것을 지키거나 얻기 위해서 해야 하는 것은 무엇인지를 파악하는 것이 중요하다. 그리고 내담자가 직접 할 수 있는 것을 구체적이고 명확하게 설정한다. 한 번에 크게 하려는 것보다 작지만 할 수 있는 것을 하는 것이 좋다.

해결주의 가족상담은 단기가족상담이라는 부제처럼 내담자가 단기간에 성공 경험을 하도록 돕는다. 내담자는 그 성공 경험을 바탕을 디딤돌로 삼아서 조금씩 전진해 가는 것이다.

해결주의 가족상담은 상담 결과, 문제가 모두 깔끔하게 해결되고 언제나 성공적이며, 그 결과가 장기간 지속될 것이라고 전제하지 않는다. 내담자는 끊임없이 인생에서 난관에 부딪힐 것이고 과거 문제로 언제든 돌아갈 수 있다. 내담자가 자신의 삶에서 긍정적인 모습, 변화의 가능성을 발견하고 다시 시작할 계기를 마련해 주는 것이 해결주의 가족상담의 진정한 목표라고 할 수 있다.

2) 치료기법

(1) 상담자와 내담자와의 관계 형성

내담자가 상담자와 정한 약속을 지키지 못해서 약물 중독에 다시 빠졌다고 할 때, 해결중심 가족상담에서는 실패의 책임이 내담자와 상담자 모두에게 있다고 본다(Berg & Miller, 1992 : 46). 내담자와 상담자는 상호적인 관계로 그 관계의 특성이 상담의 성과에 영향을 줄 수 있다. 해결중심 가족상담에서는 상담자와 내담자의 관계를 크게 내담자를 중심으로 고객형, 불평형, 방문형으로 나눈다.

(2) 고객형 : 한번 해볼까

해결중심 상담에서 가장 효과적인 관계가 고객형이다. 고객형 내담자는 문제를 인정하고 스스로 해결책을 모색하고 실천하려고 한다. 해결중심 가족상담에서 내담자가 스스로 실천하는 것은 매우 중요하다. 고객형 내담자는 상담자와 협력적인 관계를 구축한다. 진심으로 문제를 해결하고자 하는 것이다. 상담자는 내담자가 고객형 내담자가 되도록 관계를 형성할 필요가 있다. 고객형 내담자의 비율은 그다지 높지 않다(Berg & Miller, 1992 : 47-48).

고객형 내담자는 동기화가 되어 있는 상태이다. 내담자는 비록 실패하였지만 계속 노력을 해온 상황이다(Berg & Miller, 1992 : 110-111). 상담자는 내담자의 노력을 칭찬하고 성공 경험에 집중하고, 내담자에게 문제가 조금이라도 해결되었던 상황을 자세히 질문하여 "구체적 해결책"을 파악하도록 한다.

(3) 불평형 : 그 사람이 문제예요

불평형 내담자는 문제가 무엇인지를 안다. 문제가 무엇인지 알기 때문에 문제를 해결하는 목표 또한 알고 있다. 다만, 문제와 해결책이 내담자 자신에게 있다는 사실을 인식하지 못하고 다른 가족구성원이 문제를 일으킨다면서 불평을 하는 것이다. 버그와 밀러(Berg & Miller, 1992 : 52, 107)에 의하면 불평형 내담자는 문제와 해결책을 이미 알고 있지만 이를 실천할 준비가 안 되어 있는 경우로, 내담자가 문제를 가지고 있는 본인이라고 이야기를 하는 것은 도움이 되지 않을 수 있다.

불평형 내담자는 자신을 문제의 피해자 또는 희생자로 생각하고 있다. 그 문제의 원인이나 책임이 자신에게 있지 않고 자신은 어쩔 수 없이 그 문제에 책임이 있다고 지목되었거나 그 문제로 인해 피해를 받는 사람이라는 것이다. 버그와 밀러(Berg & Miller, 1992 : 103)는 상담자가 불평형 내담자에게 불평을 대처할 수 있는 매우 흥미로운 방안을 제시한다. 이들은 다른 사람이 잘못되었다고 불평을 한다. 즉, 다른 사람이 잘못이라는 것이다. 그렇다면 불평형 내담자가 그 다른 사람을 도울 수 있도록 하는 것이다. 그리고 불형형 내담자가 그동안 겪어왔던 고초와 노력에 대해서 칭찬하고 인정을 하면서 내담자의 마음을 연다. 상담자는 내담자를 차츰 내담자 스스로 해결책을 찾도록 이끌면서 내담자가 스스로 문제를 가지고 있음을 인지하도록 하는 것이 필요하다.

(4) 방문형 : 딱히 나는 그 문제가...

방문형 내담자는 가족 등 다른 사람에게 떠밀려 상담을 온 경우가 많다. 방문형 내담자는 문제가 무엇인지 정확하게 알지 못하고 자신이 해결해야 한다는 생각도 별로 없다(Berg & Miller, 1992 : 53-57).

방문형 내담자의 경우에는 내담자의 동기를 높이도록 상담자가 도와줄 필요가 있다. 내담자가 스스로의 의지가 아님에도 상담을 하러 온 데에는 어떤 이유, 즉 내담자가 원하는 것이 있을 것이다. 또한 내담자는 상담실에 온 것 자체가 해결을 위한 첫걸음을 디딘 것이다. 방문형 내담자를 존중하고 내담자가 스스로 자신의 문제를 발견할 수 있도록 내담자를 칭찬하고 내담자를 존중하며, 스스로 원하는 것이 무엇인지를 찾을 수 있도록 돕는 것이 상담자의 역할이 된다(Berg & Miller, 1992 : 86-90). 다시 말해 다른 사람의 목표가 되는 내담자의 문제가 아닌 내담자 스스로가 원하는 것이 무엇인지를 알아내는 것이 필요하다.

3) 해결지향적 질문

(1) 변화 질문 : 일어난 일을 일어났다고 알기

내담자들이 상담 예약을 하고 상담을 오기까지는 시간이 걸린다. 이 기간 동안 약 67%의 내담자들이 긍정적 변화를 경험한다고 한다(Talm-on, 1990; Weiner-Davis et al., 1987, Berg & Miller, 1992, p. 177 재인용). 내담자의 능동적이고 주체적인 변화가 상담의 결과를 좋게 하는 것은 물론이다.

주의할 것은 해결중심 가족상담자들은 변화를 직접적으로 물어보기보다 내담자가 스스로 한 말을 실마리로 해서 변화에 대한 이야기로 접근하는 것을 "선호"한다. 이를 통해 내담자는 변화의 과정과 그 과정에서 자신의 역할을 보다 명확하게 인식할 수 있다(Berg & Miller, 1992 : 128-129).

(2) 예외 질문 : 이건 보통 일이 아닌데

내담자는 수많은 실패를 겪어왔다. 과거 혹은 지금의 긍정적 변화도 그런 경험 속에서 그저 그런 일로, 보통의 일로 잊혀진다. 그런 일이 보통 일일까? 가족상담자는 내담자와 함께 과거와 현재에서 문제가 해결된, 즉 "예외"적인 상황을 찾는다(Berg & Miller, 1992 : 86-90). 버그와 밀러(Berg & Miller, 1992)는 해결중심 가족상담 현장을 상담자와 내담자 간의 대화를 통해 생생하게 전달하는데, "어떻게 그렇게", "그러면 어떻게", "어떻게 OO되었습니까?"라는 말이 자주 등장한다. 예외는 예전에 등장했던 작은 기적이라 할 수 있다.

(3) 기적 질문 : 미래를 경험하게 하기

해결중심 가족상담의 목표는 문제의 해결이고, 이를 통해 더 나은 미래를 만드는 것이다. 우리는 상상만으로도 미래를 앞당겨 경험할 수 있다. 버그와 밀러(Berg & Miller, 1992 : 134)는 기적에 관한 질문에 대해 "기적에 관한 질문은 이 모델에서 제일 중요한 질문"라고 말하고 있다. 해결중심 가족상담에서 기적에 관한 질문 방식도 매우 흥미롭다. 기적 상황 그 자체를 묘사하는 것으로 시작하는 것이 아니라 기적이 일어났는데 기적이 일어났는지를 어떻게 알 수 있는지에 대해서 질문하는 것이다. "만약 잠자는 동안 기적이 일어났다면", "어떻게 기적이 일어났다는 것을 알 수 있을까요?" 이런 식으로 물어봄으로써 기적이 일어난 미래를 보다 생생하게 하고, 관계 속에서 기적이 일어난 미래를 돌아볼 수 있게 한다.[5] 해결중심 가족상담에서 기적의 주체는 다른 사람이 아닌 바로 "내담자" 자신이다.

(4) 척도 질문 : 숫자는 추상적이던 것을 구체화해

병원에 통증으로 입원하면 의료진이 환자에게 이런 질문을 하곤 한다. 가장 아픈 통증을 10이라고 하고 전혀 아프지 않은 상태를 0이라고 하면 지금 통증 상태는 얼마인가라고 묻는 것이다. 환자가 자기 자신의 상태를 숫자로 표현하는 주관적인 통증 측정 방식이다.

척도 질문은 해결중심 가족상담 과정에서 숫자를 사용하여 상태 변화를 파악하는 방식으로 사용되며, 문제 상황이나 기분이나 바람 등 다양하게 적용이 가능하다(Berg & Miller, 1992 : 86-90). 해결중심 가족상담 과정에서는 척도 질문의 척도 범위로 최저 1에서 최고 10까지를 주로 사용한다. 척도 질문은 추상적인 느낌을 구체적으로 줄 수 있다. 문제 상황이나 기분 등 다양한 사항을 척도로 질문할 수 있다.

예를 들어, "당신의 어제 기분/ 행복감/ 목표도달 정도를 최저 1이라고 하고 10이 최상 상태라면 현재는 1과 10 사이 어디에 있다고 생각하십니까" 식으로 질문이 가능하다.

(5) 대처방법 : 최악을 견뎌낸 나를 발견해

내담자 중 일부는 너무나 심각한 절망감 속에 아무것도 할 수 없다는 무력감

5) 필자는 기적에 관한 질문과 관련해서 버그와 밀러의 『해결중심적 단기가족치료』(1992년 하나출판사 출판)의 135~142쪽을 꼭 읽어 볼 것을 추천한다.

을 느낀다. 상담을 시작하기조차 어려운 이 내담자에게 가족상담자는 어떻게 접근해서 해결책을 이끌어갈 것인가가 풀어야 할 문제이다. 해결중심 가족상담에서는 내담자가 현재 겪고 있는 무력감에 "어떻게 그 상황에서 견디실 수 있었나요?", "어떻게 더욱 악화되는 것을 막고 계신가요?"와 같은 질문을 던진다(Berg & Miller, 1992 : 152-153). 이러한 질문을 통해서 내담자는 지난 삶 속에서 삶을 유지할 수 있었던 방법들을 깨달을 수 있고, 이를 기반으로 해결책을 만들 수 있다.

내담자가 너무 심한 절망감에 빠져 있을 때 상담기법이 수없이 있더라도 쓸 만한 상담기법을 찾기가 쉽지가 않다. 해결중심 가족상담은 그동안의 세월을 지탱했던 그 무언가, 즉 그것이 목적이든 아니면 수단이든 찾아서 현재의 상황을 극복하려 한다.

(6) 내담자 목표 동의 : 내담자의 목표는 내 목표

해결중심 가족상담에서는 치료목표나 해결책을 상담자가 일방적으로 결정하지 않는다. 다소 상담자의 일반적인 치료목표나 해결책에서 벗어난다고 하더라도 내담자의 목표에 동의한다. 내담자가 스스로 목표를 설정한다는 것은 "자기결정과 자기효율성"을 증가시킬 수 있는 좋은 방법이다(Berg & Miller, 1992 : 175). 내담자가 스스로 목표를 세우면 목표 자체에 거부감이 많이 줄어든다. 가족이 보기에는 내담자가 술을 끊는 것이 당연히 목표가 되어야 하는 상황에서 내담자의 목표는 술을 끊는 것이 아니라 가족과 좋은 관계를 유지하는 것이 목표일 수 있다. 내담자의 목표에 동의한다는 것은 술을 끊는 데 집중하는 것이 아니라 가족과 좋은 관계를 유지하는 것에 집중하는 것이다.

4) 현장 적용

정문자 등(2006 : 10-15)[6]은 해결중심 가족상담의 첫 회 면담 과정의 구조를 다음 같이 다루고 있다.

> 1단계 : 라포 형성 및 치료자-내담자의 사정
> 2단계 : 목표설정의 원칙
> 3단계 : 해결지향적 질문(첫 상담 이전의 변화 질문/ 예외 질문/ 기적질문/ 척도 질문/ 대처 질문/ 관계성 질문/ 악몽 질문/ 간접적 칭찬/ "그 외에 어떤 것이 또 있습니까")
> 4단계 : 메시지 작성과 전달-메시지는 칭찬과 연결문, 과제로 구성
>
> 출처 : 정문자 외(2006), pp. 11-15.

정문자 등(2006)은 위의 해결중심 가족상담의 구조를 도식화하여 해결중심 가족상담에서 해결 방법을 손쉽게 선택할 수 있도록 하고 있다. 예외 사항이 의도적으로 한 행동으로 인해 발생했다면 그 행동을 강화하여 더 수행하도록 하고, 우연히 그런 상황이 벌어졌다면 그런 상황을 자세히 탐색하여 예외 사항을 발견해 본다. 또한 기적 질문에서 예외를 발견했다면 사소하더라도 시행하고, 예외를 발견하지 못했다고 하더라도 대처방식 질문을 활용하여 관찰을 진행한다.

버그와 밀러(Berg & Miller, 1992 : 215)가 지적하는 것처럼 중요한 것은 문제가 해결된 상황을 유지하는 것이다. 통상의 상담 방법은 다시 문제 상황으로 빠져들게 되는 원인, 즉 위험요인에 집중하는 반면, 해결중심 가족상담은 문제 상황에도 불구하고 성공을 한 경험에 초점을 둔다. 해결중심 가족상담자는 내담자가 어려움을 극복해 가는 과정에 격려를 아끼지 않는다. 해결중심 가족상담

6) 책이 가진 분량의 한계로 정문자 외(2006)의 『해결중심 가족치료 사례집』을 자세히 설명하지 못하여 안타깝다. 이 책이 가진 장점은 많지만, 그중 하나를 꼽자면 상담과정에서 상담자가 한 질문의 목적과 의도를 일일이 표시해 놓았다는 점이다. 예를 들어, 82쪽의 "그동안 뭐가 조금 달라졌거나 좋아졌는지요?"라는 질문 뒤에는 "〈변화에 대한 질문〉"이라고 친절하게 설명을 덧붙여 놓았다. 상담자가 일상적으로 자연스럽게 하는 말에 해결중심 가족상담의 각종 기법이 녹아들어 있다는 점을 본다면 놀라움을 금치 못할 것이다.

자는 내담자가 과거에 연연하지 않고, 현재와 미래에 집중하여 “해결 패턴”을 찾도록 도와야 한다(O'Hanlon, 1999).

정문자 등(2016 : 17-18)은 2회 상담 이후, EARS 기법을 사용하여 변화를 발견하고, 그 결과를 확대하려고 한다. E는 이끌어 내기(Elicit)의 알파벳 앞글자로 그동안의 변화를 알아보는 것이고, A는 확장(Amplify; 증폭하기)을 의미하며 긍정적 변화에 대해서 자세히 알아보는 것이다. R은 강화(Reinforce)를 의미하며 내담자의 변화에 상담자가 언어적/ 비언어적으로 보상을 해주는 것이며, S는 다시 시작(Start Again)의 약자로 또 다른 변화를 자세히 알아보는 과정이다. 내담자의 변화가 없다면 대처방법 등을 활용하여 가능성을 모색한다.

"To Be Continued"는 [나]의 선택!

> 많은 병사들이 "지옥여행"이었던 전쟁 경험에 대처하는 방법으로 사용한 것은 술이나 약물 남용이었다. 그러나 다르게 대처한 군인들도 있었다.
>
> 출처 : Berg & Miller(1992). 『해결중심적 단기가족치료』, p. 3.

[오늘의 책]

Berg & Miller(1992). 『해결중심적 단기가족치료』. 가족치료연구모임 역(1995). 하나의학사.
O'Halon(1999). 『해결중심치료로 상처 치유하기』. 김보미 역(2015). 소울메이트.

해결중심 치료와 관련한 책들은 시중에서 쉽게 구할 수 있고, 비교적 적용도 간단하다. 빌 오한론(Bill O'Hanlon, 1999)의 『해결중심 치료로 상처 치유하기』(김보미 역(2015), 소울메이트 출간)에서는 과거 문제의 원인에 초점을 두는 것이 아닌 '해결' 방법을 찾는 다양한 방법을 제시하고 있어서 해결중심 치료를 이해하는 데 도움을 주고 있다.

위에서 인용한 글귀는 김인수 버그(Insoo Kim Berg)와 스콧 밀러(Scott D. Miller)의 『해결중심적 단기가족치료』(가족치료연구모임 역, 하나의학사 출간, p. 8)에서 '전쟁이라는 끔찍한 경험을 한 퇴역 군인들이 어떤 사람은 약물중독에 이르지만 그렇지 않은 사람들도 있음에 주목했다고 한다.'에서 인용한 내용이다. 해결중심 가족상담가들은 비슷한 상황인데도 어떤 사람들은 조금 더 쉽게 문제에서 빠져나오는 것을 보고, 이를 전문적 가족치료 방식으로 정립하였다. 빌 오한론의 책은 일반 독자를 대상으로 한 것이라면 김인수 버그와 스콧 밀러의 책은 가족상담가를 위한 책이라고 할 수 있다. 김인수의 책에서는 내담자와 상담자와의 관계 내지 면접방법 치료 개입 방법, 치료효과의 유지 방법 등을 자세하게 다루고 있다. 해결중심 가족치료와 관련해서 깊이 있는 이해를 원한다면 이 책이 많은 도움을 줄 것이다. 이 책은 1995년에 번역 출간된 책이지만 다행히 아직도 서점에서 구할 수 있다.

훌륭한 두 권의 책을 이 책에서는 이 정도로밖에 소개하지 못한다. 독자들이 이 책들을 읽어보고 해결주의 가족상담의 정수를 맛보기 바란다. "To Be Continued"는 이 글을 읽는 [나]의 선택이다.

> 지금 당신이 문제에 갇혀 쩔쩔매고 있다면 새로운 방법을 시도하라. 딱 한 가지만 다르게 해보는 것이다.
>
> 출처 : O'Halon(1999). 『해결중심치료로 상처 치유하기』, p. 42.

CHAPTER 12

이야기 가족상담

학습목표

1. 이야기 가족상담의 개요와 기본전제를 설명할 수 있다.
2. 이야기 가족상담의 주요 원리와 개념을 설명할 수 있다.
3. 이야기 가족상담의 상담목표와 상담기법을 설명할 수 있다.

주요 용어

이야기	지향상태에 초점을 둔 이해방식
외재화	다시쓰기
회원재구성	정의예식
독특한 결과	

1. 개요와 기본전제

포스트모더니즘을 바탕에 깔고 있는 상담이론의 대표가 이야기 가족상담이다. 포스트모더니즘은 모더니즘에 대항해서 인간 중심적인 사고를 촉구한다. 이러한 사고와는 달리 포스트모더니즘 관련 책들은 매우 어렵다. 관련 용어는 낯설고, 담고 있는 사상은 심오하다.

어려운 것을 공부할 때, 혹은 어려운 것을 전달할 때 많이 사용하는 방법이 이야기를 사용하는 것이다. TED 강연[1]의 대부분은 예화로부터 시작한다. 이

1) ted.com에서는 다양한 분야의 전문가들이 10여 분의 짧은 강연을 통해서 자신이 연구하고 있는 것, 생각하고 있는 것을 전달한다. 테드 강연의 특징 중 하나가 예화를 많이 사용한다는 것이다.

야기는 사람들을 주목시키는 힘이 있다. 김정희(2014)는 스토리텔링을 말하면서 인간을 "이야기를 향유하고 창작하고 있는 욕구"가 있는 존재, 즉 호모 나랜스(homo narrans)로 표현한다. 호모 나랜스는 이야기하는 인간이라는 뜻이다.

이야기 가족치료는 인간이 가진 호모 나랜스로서의 역량을 활용하는 기법으로 오스트레일리아와 뉴질랜드에서 탄생했다. 호주의 마이클 화이트(Michael White)와 뉴질랜드의 데이비드 엡숀(David Epson)은 푸코(Michel Foucault)가 이야기한 '담론'에 영향을 받았다(White & Epson, 1990). 푸코는 담론, 즉 이야기가 사회적으로 기능을 하며, 사회의 지배적 이야기(지배적 담론)에 의해 사람들은 지배받는다고 한다(최민수, 2013). 화이트와 엡숀(White & Epson, 1990)은 내담자가 개개인의 이야기를 통해서 지배적 담론에 도전하고 주체성을 회복하며, 증상에서 회복할 수 있다고 믿었다.

1) 세상에 두려운 것이 실체가 없는 것이다

세상 두려운 것이 있다면 보이지 않는 것이다. 언제 어디서 나타날지 모르고 심지어 어떻게 생겼는지도 모르는 무언가는 우리에게 엄청난 공포를 안겨준다. 우리는 그 두려운 것을 통제할 수 있는 힘이 없다. 개인적으로 공포영화에서 가장 무서울 때는 공포를 일으키는 그 무언가의 모습이 감추어졌을 때다.

이야기 가족상담은 이야기를 통해서 감추어져 있던 실체를 구체화한다. 이야기를 통해 공포는 실체를 가지게 되고, 그 공포가 무엇인지 자세히 묘사를 할 수 있다. 이야기를 하는 사람은 그 공포를 통제할 수 있게 된다. 이야기 가족치료에서는 외재화라는 독특한 기법을 활용하여 보이지 않아서 그것이 무엇인지 파악하기도 힘들고 통제하기도 힘들었던 것을 파악할 수 있게 한다(White, 2007 : 61).

2) 우리는 주연배우를 넘어 작가이다

마이클 화이트(Michael White, 2007 : 50)는 "외재화는 문제를 대상화함으로써 인간을 대상화하는 문화적 관행에 반기를 드는 작업"이라고 한다. 외재화에 대한 설명은 이후에 하기로 하고, 이 말이 의미하는 것이 무엇인지를 먼저 살펴보고자 한다. 전통적 가족상담 혹은 고전적 가족상담에서 인간은 연구의 대상, 치료의 대상, 즉 '대상'으로 다루어져 왔다. 내담자 가족은 주연배우이지만 작가는 아니었다. 특히 지명된 내담자(환자)는 '조현병', '우울증', 'ADHD'와 같은 담론에 의해서 규정되고 이러한 담론은 내담자를 괴롭혔다. 내담자 가족은 치료의 '대상', 즉 객체가 된 것이다.

우리는 사회의 지배적 담론(이야기)이라는 대본에 의해서 지배를 받는 주연배우가 아니라 그것을 넘어서 우리의 삶을 들여다보고 재구성할 수 있는 작가이다. 이야기 가족상담자들이 사람들에게 기대하고 사람들을 이끌어가는 것은 그들을 주연배우로 만들려는 것이 아니라 자기 삶의 '작가'로 만드는 작업이었다.

3) 도깨비는 나쁘기도 하고 좋기도 하고 익살스럽기도 하다

한국의 도깨비 이야기는 매우 독특하다. 도깨비는 나쁘기도 하고 좋기도 하고 심지어는 익살스럽기도 하다. 도깨비는 풍부한 모습을 가지고 있다. 놀기를 좋아하는 도깨비는 씨름을 좋아하여 지나가는 사람을 붙잡아 씨름을 하곤 한다. 도깨비가 독특한 것은 도깨비는 '늘 그런', '항상 그런' 존재가 아니라는 점이다. 도깨비는 변화무쌍하고, 선한 측면과 악한 측면을 모두 가지고 있다.

도깨비 이야기를 길게 한 것은 도깨비가 주는 시사점 때문이다. 우리는 한 가지 방향으로 현상을 이해하는 것에 익숙해져 왔다. 그 한 방향이 무엇인지를 알려줄 전문가가 필요하고, 전문가의 목소리에 귀를 기울이는 것이다. 그러나 방향이 여럿이라면 우리는 이전의 '지시'적인 전문가가 아니라 '지원'적인 전문가가 필요하다. '이 길이 맞는 길입니다. 믿으셔야 합니다.'라고 말하는 전문가가 아닌, 내담자가 인생길에서 겪는 어려움을 나누고 내담자가 그 어려움을 북돋을 수 있도록 하는 전문가가 필요하다.

도깨비가 선한 측면과 악한 측면이 있는 것처럼, 우리가 겪고 있는 증상이나 문제 뒷면에 있는 긍정적 요소를 발견할 필요가 있다(White, 2007 : 62). 한 방향에서 문제를 바라보는 것이 아니라, 내담자가 그 이야기의 중심이 되어서, 작가가 되어서 문제를 해결할 수 있도록 돕는 것이 필요하다. 이야기를 써 내려가는 것은 내담자 가족 그 자신들이다.

2. 주요 원리와 개념

1) 이야기

이야기 가족상담에서 '이야기'란 개인이 실제든 허구든 자신의 경험을 기술하고 그것에 의미를 부여한 것이다(제석봉 외, 2014 : 297). 이야기는 사건에 대한 단순한 기술(description)이 아니다. 이야기는 육하원칙에 따라 누가, 언제, 어디서, 무엇을, 어떻게, 왜라는 요소를 사용하여 외부 관찰자의 입장에서 적는 것이 아니다. 내담자가 가지고 있는 경험의 의미를 기술하는 주체적인 과정이다.

이야기 가족상담의 이야기는 단순히 개인 자신만을 기술하는 것이 아니라, 개인이 자신이 맺고 있는 사람들과 그 관계에 대한 이해도 포함한다. 이 점에서 정신역동 가족상담과 차이점을 가진다.

이야기를 이해하기 위해서 우리는 '담론'을 이해할 필요가 있다. 담론은 푸코가 이야기하는 사회의 지배적인 이야기이다(최민수, 2013). 담론에 의해 특정 사건은 일정한 방향으로 해석된다. 이야기 가족상담의 이야기는 담론에 의해 지배받는 것이 아니라 개인이 스스로 자신의 이야기를 진술하는 것이다.

2) 사람이 문제가 아니라 "문제가 문제다"

담론에 지배를 받으면, 다른 방식으로 사고를 하지 못하고 담론이 마치 진실인 양 받아들이게 된다는 것이다. 이렇게 되면 내담자는 특정 질환을 가진 환자이며, 그 질환에서 환자는 이런 식으로 행동을 하기 때문에 내담자는 더욱 그런 행동을 강화해서 하게 되는 식으로 발전해 나간다(제석봉 외, 2014 : 299-301).

이야기 가족상담에서는 이런 문제점을 극복하기 위하여 사람 그 자체가 문제가 아니라 문제가 문제라고 지적한다. 사람과 문제를 분리하여 보는 것이다. 사람을 문제 그 자체로 규정하는 것은 기존의 담론 기능이었다. 사람에게 어떤 증상이 있더라도 그 증상 자체가 문제는 아닌 것이다(최연실 외, 2020 : 272). 이는 이후 설명할 외재화 기법에 의해서 극명하게 드러난다.

3) 지향상태에 초점을 둔 이해방식 : 인간의 능동성

지향상태는 intentional state의 번역으로 목적을 가지고 적극적으로 활동하는 상태를 말한다. 지향상태에 초점을 둔 이해방식은 인간이 어떤 목적을 가지고 주체적으로 활동하는 존재로 본다(White, 2007 : 133-137). 지향상태에 초점을 둔 이해방식과 대비되는 것이 내면상태(internal state)에 초점을 둔 이해방식이다. 내면상태에 초점을 둔 이해방식은 개인의 내면을 강조하여 개인의 욕구나 욕망에 대해서는 잘 이해할 수 있는 반면, 인간이 사회적 존재로서 상호작용하며, 능동적으로 살아가는 것을 잘 표현하지 못한다.

지향상태에 초점을 두어서 인간을 이해하자는 화이트(White, 2007)의 제안은 사람이 노력하는 존재로 타인과 상호작용하면서 적극적으로 자신의 삶을 구성한다는 것을 의미한다. 다시 말하면 개인을 고립된 존재로 보지 않으며, 타인과 협력하고 자발성을 갖춘 존재로 이해하는 것이다(정문자 외, 2018 : 374).

4) 개인은 관계 속에서 정체성을 가진다

개인은 개인 내면에 있는 그 무언가로 규정될 수도 있지만, 관계 속에서도 규정된다. 개인의 정체성은 관계 속에서 만들어져 간다. 나에 대해서 누가 어떻게 생각한 것이 나를 구성하는 일부가 된다(정문자 외, 2018 : 372). 개인이 관계 속에서 정체성을 가진다는 것이 시사하는 것은 개인이 새로운 대안적 정체성을 정립하기 위하여 관계를 이용할 수 있다는 것이다. 이야기 가족상담에서는 관계 속에서 대안적 정체성을 정립하는 방식으로 회원재구성, 정의예식 등을 사용한다.

3. 상담목표와 상담기법

1) 치료목표

내담자의 증상을 감소시키고, 내담자가 스스로 자신의 이야기를 쓰게 하는 것이다(김지영 · 박선영, 2020 : 204; 최연실 외, 2020; White, 2007). 내담자가 기존 이야기에 규정되어 그 이야기처럼 되는 것에서 벗어나, 자신이 스스로 자신의 이야기를 만들고 주체성을 회복하는 것을 치료목표로 한다.

2) 치료기법

(1) 외재화

외재화란 내담자가 가지고 있는 문제 혹은 증상을 실체화하여 구체화하는 것을 의미한다. 예를 들어, 우울증으로 찾아온 내담자에게 우울증을 하나의 실체로 만드는 것이다. 이러한 작업을 통해서 더 이상 자신을 우울증이라는 잣대로만 바라보는 것이 아니라 자신과 우울증을 분리할 수 있게 된다. 즉, 외재화는 내담자의 본질과 문제를 분리하는 작업이다(정문자 외, 2018; 제석봉 외, 2014; 최연실 외, 2020; White, 2007).

화이트(White, 2007)의 글을 보면 외재화에 대해서 보다 쉽게 알 수 있다. 화이트는 ADHD 문제로 찾아온 아이와 대화를 나누면서 ADHD라는 존재를 형상화하고, 아이가 ADHD와 소통하도록 한다. 외재화는 문제와 내담자를 분리시킴으로써 내담자가 손쉽게 죄책감이나 수치감에서 벗어날 수 있도록 한다(제석봉 외, 2014 : 302).

(2) 다시쓰기

다시쓰기는 내담자가 자신의 입장에서 자신의 경험을 다시 쓰는 것으로 그 가운데 중요할 수 있는 사건이나 경험을 포함시킨다(최연실 외, 2020; White, 2007). 이야기 가족상담에서는 다시쓰기 기법을 통해서 새로운 대안을 탐색하도록 한다. 다만, 대안적 이야기를 구성하는 데는 어려움이 있다. 가족상담자는 내담자가 새로운 대안을 찾을 수 있도록, 기존의 이야기에서 “간과되었던 측면”을 찾을 수 있도록 내담자를 돕는다(White, 2007 : 90).

(3) 회원재구성

회원재구성은 이야기 가족상담에서 독특한 개념으로, 우리의 인생에서 만나는 사람을 내담자가 속한 단체의 회원으로 보고, 그 회원을 재구성하여 내담자가 대안적인 정체성을 가질 수 있도록 하는 것이다(제석봉 외, 2014; 최연실 외, 2020; White, 2007). 화이트(White, 2007 : 174)에 따르면 회원재구성은 정체성을 회원 간의 관계 속에서 파악할 수 있게 하고, 정체성이 다양한 관계 속에서 다양한 측면을 가지고 있음을 이해할 수 있게 해준다. 또한 내담자가 회원을 수정할 수 있는 통제력을 행사할 수 있도록 해주고, 사람들 간의 관계를 보다 입체적으로 파악하는 것을 가능하게 해준다.

(4) 정의예식

정의예식(definitional ceremony) 또한 정체성을 재정의하는 기법 중 하나로, ‘말하기’, ‘다시 말하기’, ‘다시 말하기에 대한 다시 말하기’로 이루어진다(White, 2007 : 226). 정의예식은 “내담자의 삶을 인정해 주고 격상시키는 의식”(White, 2007 : 205)으로 내담자가 새롭게 만들어낸 정체성을 인정하는 기능을 함과 동시에 내담자와 외부증인과의 관계를 통해서 내담자의 정체성을 풍부하게 하는 기능을 한다(제석봉 외, 2014 : 333; White, 2007 : 205-206).

정의예식은 인간은 사회적 관계 속에서 다양한 차원의 관계를 맺고 있다는 점에서 착안한 것으로, 내담자의 대안적 이야기를 인정하고 이를 내담자와 외부증인과의 관계 속에 공식적으로 들어오게 한다는 의미가 있다.

정의예식에서 다시 말하기는 '외부증인'들이 내담자의 이야기에 대한 이야기를 하는 것이고, 다시 말하기에 대한 다시 말하기는 외부증인의 말에 대해서 내담자가 다시 자신의 경험이나 느낌을 이야기하는 것이다(White, 2007 : 226).

(5) 외부증인

외부증인은 내담자의 이야기를 확장시키고 강화시키는 역할을 하는 사람으로 가족상담의 내담자 이외의 인물이다. 외부증인은 칭찬 같은 평가적 역할이나 훈계 등의 지시적 역할을 하는 사람이 아니라, 내담자의 대안적 이야기에 대한 자신의 경험 또는 그 이야기가 자신에게 미친 영향을 이야기함으로써 대안적 이야기를 확장시키는 역할을 한다. 외부증인을 통해서 내담자의 대안적 이야기는 보다 소중하게 발전한다(제석봉 외, 2014 : 322; White, 2007 : 205).

화이트(White, 2007 : 219)는 외부증인을 내담자와 아는 지인 외에도 모르는 사람을 선정하였다. 외부증인의 역할은 단순히 내담자의 이야기를 긍정하는 보조적인 역할을 넘어 내담자의 대안적 이야기에 관계를 불어 넣고 의미를 부여하는 참여적 역할을 한다.

(6) 독특한 결과

독특한 결과는 그냥 지나칠지도 모르는 평소와 다른 결과나 행동을 의미한다(White, 2007 : 263-265). 독특한 결과는 새로운 대안을 탐색할 수 있는 가능성을 가지고 있지만 사소해서 혹은 한 번 있었기 때문에 지나쳐버린 것일 수 있다. 상담자는 독특한 결과를 주의 깊게 찾고, 독특한 결과가 일어나게 된 상황을 이해하며, 그 독특한 결과가 내담자에게 어떻게 영향을 끼쳤는지를 알아본다. 그 이후 독특한 결과의 평가와 근거 제시를 통해서 독특한 결과를 보다 단단하게 구성한다(White, 2007 : 276-286). 독특한 결과는 한 인간을 영웅으로 포장하는 것이 아니라 서로의 관계를 이해해 주고 정체감을 형성해 주는 역할을 한다(White, 2007 : 305).

독특한 결과의 중요성은 새로운 가능성을 보여주는 것이며, 그 새로운 가능성은 단순히 그런 사건이 있었다는 것이 아니라, 그 사건이 내담자와 내담자의 관계에 미치는 영향력을 심층적으로 분석해 들어가서 대안적 이야기를 풍부하게 만들어준다는 데 있다.[2)]

"To Be Continued"는 [나]의 선택!

문제가 사람으로부터 분리되어 존재할 때, 그리고 사람이 자신의 정체성에 대한 제한적 '진실'과 자기 삶에 대한 부정적 '확신'에 얽매이지 않을 때, 문제해결을 위한 새로운 선택의 여지가 생긴다.

출처 : Michael White(2007). 『이야기치료의 지도』, p. 50.

[오늘의 책]

Michael White(2007). 『Maps of Narrative Practice』. 이선혜 외 역(2010). 『이야기치료의 지도』. 학지사.

이 책의 추천사와 역자 서문, 한국어판 서문은 그 어떤 서문보다 따뜻하다. 진심과 애정을 다한 소개글을 읽으면서 저자인 화이트와 만났던 사람들이 화이트에 대해서 가지고 있던 감정을 엿볼 수가 있다.

추천사와 역자 서문, 한국어판 서문을 썼던 화이트의 부인이나 화이트를 알고 있던 사람들이 쓴 글만큼이나 본문도 따뜻함과 친절함이 가득하다. 특별히 어려운 용어를 사용하지도 않고 있고 상담자와 내담자가 나누는 대화를 통해서 무엇을 의미하려고 하는지 이해할 수 있다.

특히 화이트가 가지고 있는 철학을 읽어보면, 화이트의 이야기 가족상담이 심오한 철학적 기반을 가지고 있음을 알 수 있다. 또한 푸코의 이론을 이렇게 실제적이면서도 명료하게 가족상담 기법으로 풀어낼 수 있음에 감탄한다.

증상이 있는 내담자, 그리고 그의 가족은 주변의 시선과 은밀한 비난 속에서 자존감을 잃어간다. 그 증상 자체가 자신이며, 그 증상으로 자신들이 규정되기 때문이다. 화이트는 그것이 다가 아니라고 한다. 이야기의 이면을 들여다보고, 자신만의 이야기를 새롭게 쓸 수 있다고 하며, 외부증인들을 통해서 지원을 받을 수 있다고 한다.

외부의 시선이 아닌 자신만의 새로운 이야기를 만들어가고자 한다면, 이 책을 읽어보고 그 가능성을 맛보기 바란다. "To Be Continued"는 이 글을 읽는 [나]의 선택이다.

2) 여기서 풍부하다는 표현은 다양한 측면이 포함되어 있다는 것과 그 사건이 사람과 사람과의 관계 속에서 의미를 지닌다는 것을 표현한 것이다(이희세 외, 2017 : 241).

03
PART

가족사정과 가족상담 과정 및 윤리

제13장 가족사정
제14장 가족상담 및 가족치료의 과정
제15장 가족치료의 윤리

CHAPTER 13

가족사정

학습목표

1. 가족사정의 개념을 설명할 수 있다.
2. 가족사정의 질적 방법을 설명하고 활용할 수 있다.
3. 가족사정의 양적 방법을 설명할 수 있다.

주요 용어

가족사정	가계도
생태도	FACES, CRS
가족건강성 척도	

1. 가족사정의 개요

1) 가족사정이란 무엇인가?

가족사정(Family Assessment)란 가족을 이해하기 위하여 가족을 단위로 하는 가족의 기능이나 관계를 평가하는 과정으로, 가족의 "건강, 기능, 과업수준"을 파악하는 것이다(최연실 외, 2020). 가족의 기능이나 관계 평가는 가족체계의 구조, 가족체계와 환경과의 상호작용 등을 종합 분석을 통하여 이루어진다(정문자 외, 2018).

가족사정을 통해서 가족이 얼마나 건강한지, 그리고 가족이 가지고 있는 기능은 무엇인지 등을 파악할 수 있다. 가족사정은 가족이 호소하는 문제가 무엇인지, 가족이 가지고 있는 규칙 내지 행동양식은 무엇인지, 가족이 바라고 있는 것은 무엇인지를 알아내는 것이다.

가족사정이 제대로 이루어지지 않는다면, 가족상담자는 가족에 대해서 제대로 파악하지 못하고 들어가는 것이어서 상담을 계획하고 진행하는 데 여러 가지 어려움에 봉착하게 된다. 가족사정을 하지 않고 가족상담을 시작하는 것은 손님이 누구인지, 손님의 목적지가 어디인지를 모르고 무작정 운전하는 것과 같다.

2) 가족사정은 왜 중요한가?

가족사정을 제대로 하지 않고 가족상담을 하는 것은 퀴즈대회에서 문제가 무엇인지도 모르면서 대답을 하는 것과 같다. 가족에 대해서 제대로 아는 것이 가족상담의 기본 첫걸음이다.

첫째, 가족사정은 가족이 가족상담을 통해 바라는 것이 무엇인지를 알게 해준다(Williams et al., 2011 : 25). 가족상담이 충분히 효과를 가지기 위해서 가족이 현재 해결을 원하는 문제가 무엇인지를 분명히 해야 할 필요가 있다. 상담 초기에 이루어지는 가족사정에서 제시되었던 문제가 실제로 문제가 아닌 경우도 있고, 가족이 바라는 것이 실제로는 바라는 것이 아닐 수도 있지만, 가족이 희망하는 것이 무엇인지를 표면적이든 심층적이든 파악하는 것은 매우 중요하다.

둘째, 가족사정은 가족이 가지고 있는 기능의 수준과 문제점을 파악하여 해결책을 제대로 적용할 수 있게 해준다. 가족상담이론 중 상당수가 가족이 가진 강점에 집중하라고 한다. 이는 가족이 가진 문제점을 파악하지 말라는 것이 아니라 문제점과 함께 강점도 파악하라는 것이며, 가족상담자가 가족의 어떤 측면을 문제라고 예단하지 말라는 의미이다. 가족의 상호작용 형태 등을 통해서 가족이 실제 기능하고 있는 수준을 파악하는 것은 상담계획과 목표를 세우는 데 필수적이다.

사정에 앞서 필요한 것은 무엇인가?

3) 가족과 관계 형성

사정에 앞서서 가족상담자는 가족들과 관계를 형성하는 것이 필요하다. 앞서 살펴보았듯이 가족상담에서는 증상을 파악하는 것이 원인을 알려주는 것도 아니고, 해결책에 접근하는 것도 아니다. 증상은 다양한 원인이 있고, 증상을 없애는 방법도 다양하다. 증상이 어디서 왔는지를 파악하기 위해서는 가족을 자세히 관찰하는 것이 필요하며, 이를 위해서는 가족상담자와 가족 사이에 관계 형성이 중요하다.

미누친과 피시먼(Minuchin & Fishman, 1981)은 관계형성을 합류(joining)라 명명하면서 가족상담에서 매우 중요한 절차로 보았다. 합류는 가족과 상담자 간에 동반자 관계를 형성하는 것이고, 가족에 대한 정보를 수집하여 해결책을 모색하는 것이다. 합류가 제대로 이루어지지 않으면 가족에 대해서 피상적인 정보를 얻거나 아예 잘못된 정보를 얻을 수도 있다.

4) 가족사정에서 유의할 점은 무엇인가?

(1) 가족은 저마다 독특하다

가족사정에서 유의할 점은 가족마다 독특성을 갖는다는 점이다. 동일한 행동이라도 가족에 따라서는 기능적일 수도 있고 역기능적일 수도 있다. 행동 그 자체를 관찰하는 것을 넘어, 가족이 그 행동에 부여하는 의미를 파악할 필요가 있다(Worden, 2003).

(2) 사정은 초기에 끝나지 않는다

가족에 대한 사정은 보통 초기에만 이루어진다고 생각할 수 있지만, 초기에도 이루어진다고 생각할 필요가 있다. 윌리엄스 등(Williams et al., 2011 : 41)은 사정을 “치료 내내” 생각해야 한다고 이야기하고 있다. 가족을 처음 한 번 보고 다 이해한다는 것은 불가능한 일이다. 우리가 친구를 만나도 새로운 모습을 늘 발견하듯이, 가족도 매번 만날 때마다 새로운 모습들이 드러난다.

(3) 가족은 서로 연관되어 있다

가족을 단위로 사정을 할 때 가장 유리한 점이 가족이 서로 어떻게 연관되어 있는지를 살펴볼 수 있다는 점이다. 가족은 서로 상관없는 존재가 아니라 서로 긴밀하게 연결되어 있는 존재이다. 가족사정 시에는 가족이 상호작용하는 패턴 등을 총체적으로 살필 필요가 있다(Worden, 2003 : 28).

(4) 가족사정의 방법은 여러 가지이다

가족사정을 위한 방법에는 여러 가지가 있다. 어느 누구도 그 모든 도구를 다 사용할 수도 없고, 모든 이론에서 언급하는 방법을 다 사용할 수는 없다. 또한 가족상담자의 입장을 우선시하는 방법도 있고, 가족의 입장을 우선시하는 방법도 있다(김유숙 외, 2017 : 20). 가족상담자는 가족사정의 방법 또한 유연하게 적용해야 하지만 모든 것을 다 선택할 수는 없는 제한된 상황임을 인식하고 그 여건에서 최선을 다하여야 한다. 가족사정의 방법이 다양한 것은 가족을 다양한 방식으로 볼 필요가 있기 때문이다. 따라서 가족의 다양한 측면을 보도록 하여야 한다(Williams, 2011 : 45).

(5) 가족사정의 종류에는 무엇이 있는가?

가족사정의 종류는 기준을 무엇으로 나누는가에 따라서 매우 다양할 수 있다. 우리가 앞서 살펴본 각 이론마다 가족을 이해하는 독특한 방법이 있다. 때로 그것은 설문지와 같은 형태를 띠고 있기도 하고, 때로는 심층적인 질문의 행태를 띠고 있을 수도 있다. 또한 가계도나 생태도처럼 문자의 형태가 아닌 그림의 형태를 하고 있을 수도 있다. 여기서는 가장 기본적인 분류 방법으로 질적 방법과 양적 방법을 살펴보고자 한다.

5) 질적 방법과 양적 방법

가족사정의 질적 방법과 양적 방법을 나누는 기준은 계량화가 가능한가이다. 예를 들어, 가족응집성을 1점부터 10점 사이로 측정할 수 있다고 보자. 1점으로 갈수록 가족응집성이 낮고, 10점으로 갈수록 높다면, 내담자 가족의 가족응집성 정도를 측정하고 이를 기준으로 가족상담 방향을 결정할 수 있다. 특히 척도가 표준화되어 있다면 채점이나 해석을 표준화된 방식으로 할 수 있다는 장점이 있다(강봉규, 2017).

2. 가족사정의 질적 방법

여기서는 가족사정의 질적 방법 중 가계도와 생태도를 중심으로 설명하고자 한다. 가족사정의 질적 방법은 그 외에도 가족그림, 집 평면도 그리기, 소시오그램, 실연, 가족조각 등 매우 다양하다.

1) 가계도

상담을 받으러 가면 상담사가 무언가 열심히 그림을 그리고 있는 장면을 목격하게 된다. 내담자가 자신의 가족에 대해서 이야기를 하면, 상담사는 이를 바탕으로 가족관계나 가족에 있었던 주요 사건을 하나의 그림으로 그린다. 가족이 개인에게 미치는 영향력이 매우 강하기 때문에, 보웬의 다세대 가족상담이나 미누친의 구조적 가족상담이 아니더라도 가계도는 매우 유용하다.

2) 가계도의 개념

가계도는 2세대 이상의 다세대에서 일어나고 있는 결혼, 이혼, 별거 등의 사건 및 가족 간의 관계 등을 동시에 나타낸 것이다. 가계도에는 "생물학적 · 법적 · 정서적 관계"가 그림으로 표시된다(McGoldrick et al., 2008 : 47).

가족은 여러 세대에 걸쳐 영향을 끼치기 때문에 다세대를 한꺼번에 표시할 수 있는 가계도는 가족상담 현장에서 자주 쓰이는 도구이다. 가계도를 통해서는 가족의 기능 형태를 보다 명확하게 알 수 있다(McGoldrick et al., 2008 : 24).

3) 가계도는 어떻게 그리는가?

가계도는 다양한 방식으로 그릴 수 있다. 가계도에 그림을 접목하여 그릴 수도 있고, 자신만의 기호를 사용하여 그릴 수도 있다. 앞서 ❙그림 6-1❙에 나와 있듯이 맥골드릭 외(McGoldrick et al., 2008)[1]의 가계도 작성 범례에 따라서 대상자와 대상자 간의 관계, 상호작용 패턴 표시 등을 종이상에 그리고, 관련 정보를 삽입하면 된다.

4) 가계도 그리는 순서

가계도는 가족구조, 가족 정보, 관계 정보를 차례로 기입한다(McGoldrick & Gerson, 1985 : 9).

(1) 인물 그리는 법

인물은 성별에 따라 남자는 네모, 여자는 동그라미로 그리며 IP(지목된 환자, 주요 인물)의 경우에는 부호 외곽선을 이중으로 그려 표시를 한다. 최근에는 성별(Gender)에 사회적으로 관심이 많아졌고, 더 이상 사람들을 남자와 여자로 이분화되어 표시하는 것이 어렵다. 성적 지향이나 성전환 등을 표시하기 위한 다양한 방법이 개발되고 있다. 각 인물은 기호 가운데에 연령을 쓰고 옆쪽에 이름을 표시한다. 인물에 대한 정보를 기호 주위에 적을 수 있다.

(2) 혈연 및 법적 관계 등을 그리는 법

혈연이나 법적 관계 등은 인물 간에 선으로 표시되며, 결혼/ 별거/ 이혼 등 사건은 약어 m/ s/ d 등과 함께 연도를 표시한다. 내연이나 성적관계/ 동거, 안정된 동거 등에 대한 표시도 개발되어 있다.

---

1) 본 교재에서 소개한 것은 맥골드릭 등(2008)이 집필한 저서의 제3판을 기준으로 하였다. 맥골드릭과 거슨(Gerson)이 1985년에 집필한 제1판에서 표준화된 기호를 제안하였고, 이를 많은 학자와 가족상담가들이 활용하고 있다.

(3) 상호작용 패턴 그리는 법

가족상담에서 관심이 있는 상호작용 패턴은 친밀, 융합, 소원, 적대, 단절, 친밀-적대, 학대 등 다양하다. 이를 표시하기 위하여 다양한 방법이 개발되고 있다.

5) 가계도 작성 시 유의할 점

우리가 파악하고자 하는 가족의 측면에 따라 가계도는 여러 가지 다른 버전이 나올 수 있다. 만약 가족이 가지고 있는 신경병증에 관심이 있다면 그와 같은 정보를 위주로 표시할 수 있을 것이다. 가족에서의 자살에 관심이 있다면 자살을 시도하였거나 자살한 가족을 표시한 가계도를 그릴 수 있다. 가족 내의 삼각관계에 대해서 관심이 있는 경우, 구성원끼리 형성되는 여러 삼각관계를 별도의 종이에 따로 표시할 수도 있다.

주의할 점은 가계도에 상담을 끼워 맞추는 것이 아니라 상담에 필요한 만큼 가계도를 변형하여 사용할 수 있다는 점이다. 맥골드릭 등(McGoldrick et al., 2008)의 경우도 다양한 형태의 가계도를 제시하고 있다. 또한 사티어의 가족지도도 가계도의 방식을 응용하여 그릴 수 있다(김영애, 2020).

6) 가계도 작성을 위한 면접 시 주의할 점

가계도를 작성할 때는, 가족상담을 고려하여 가족이 현재 당면하고 있는 문제와 가족 간의 교류나 지지 관계 등 가족상담에 필요한 중요한 단서들을 포함시킬 필요가 있다(최연실 외, 2020 : 303-306; McGoldrick et al., 2008 : 111-113). 또한 작성된 가계도는 내담자에게 검토할 수 있도록 한다.

(1) 생태도

생태도는 하트만(Ann Hartman, 1978)이 제시한 방법으로, 가족으로부터 얻은 정보를 그림으로 표현한다. 생태도는 가족과 가족구성원, 그리고 이들과 관계하고 있는 환경을 동시에 표현함으로써, 가계도를 벗어나서 벌어지는 환경과의 상호작용을 표시할 수 있다.

(2) 작성방법

하트만(Ann Hartman, 1978)이 제시한 방법을 기준으로 설명하려고 한다. 생태도에서는 가족을 가운데 큰 원으로 그리고, 환경에서 주요한 부분들을 큰 원 주위에 원으로 배치한다. 가족과 환경을 선으로 연결한다. 이때 관계를 고려하여 선의 형태를 변경할 수 있다. 관계가 강하다면 실선, 약하다면 점선, 서로 갈등이 있다면 실선에 빗금을 추가하는 식으로 표현한다.

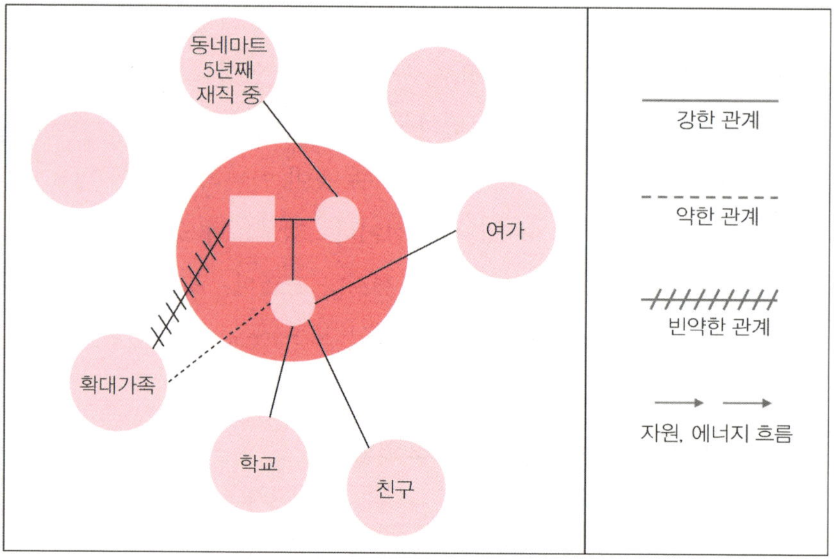

그림 13-1 생태도 모형 및 관계 표시 방법

(3) 그 외의 질적 방법들

가계도와 생태도 이외의 가족사정을 위한 질적 방법은 사실 헤아릴 수 없이 많다. 각 이론에서 가족의 문제나 가족구조를 알아내기 위해 하는 질문들이나 앞서 말한 가족조각, 실연, 놀이 등도 가족을 이해하기 위한 가족사정 방법이다.

3. 가족사정의 양적 방법

1) 개인 특성 차원 사정과 가족체계 특성 차원 사정

가족사정의 양적 방법은 개인 특성 차원의 척도와 가족체계 특성 차원의 척도를 이용한 사정으로 구분할 수 있다. 개인 특성 차원의 사정은 우리가 흔하게 알고 있는 대부분의 심리척도들이 여기 해당된다.

윌리엄스와 에드워즈(Williams & Edwards, 2011)는 자신들의 저서에서 사용한 각종 사정 방법을 소개하고 있다. 여기서 성인이나 아동・청소년 사용에 사정된 스트레스 척도나 행복 척도, 우울 척도, 불안 척도, 코너스 종합행동평정척도 등은 개인 특성 차원에서 분석을 하는 척도라고 할 수 있고, 가족응집성 및 적응력 척도나 가족사정척도 등은 가족체계 특성 차원의 사정으로 볼 수 있다.

2) 가족적응력・응집성 척도

올슨, 스프렌클, 러셀(Olson, Sprenkle & Russel)이 개발한 순환모델(Circumplex model)은 가족의 응집성과 적응성을 평가하는 척도이다. 순환모델은 자기보고식 평가인 FACES(Family Adaptability and Cohesion Scale)와 외부 관찰에 의한 CRS(Clinical Rating Scale)로 구성된다. 현재 FACES는 FACES IV까지 개발되어 있다(Olson et al., 2019).

올슨 등(Olson et al., 2019)에 의하면 응집성(Cohesion)이란 가족이 서로에게 가지고 있는 정서적 유대감 정도를 의미하며, 적응력(Flexibility)이란 지도력, 역할 관계, 관계 규칙 등의 변화 정도를 의미한다. FACES는 응집성과 적응성을 기준으로 가족을 분류할 수 있다.

3) 건강가정척도

가족의 건강성을 나타내기 위한 척도도 가족사정을 위하여 사용될 수 있다.

어은주와 유영주(1997)는 가족원 간 유대, 의사소통, 가족의 문제해결 수행능력, 가족원 간 가치체계 공유를 가지고 가족건강성을 측정하는 척도를 개발하였다.

유영주 등(2013)은 '한국형 가족건강성 척도'를 간략화시켜 '한국형 가족건강성척도 Ⅱ'를 개발하였으며, 가족탄력성, 상호존중과 수용, 질적 유대감, 경제적 안정과 협력, 가족문화와 사회참여의 5개 하위영역 22개 문항으로 구성된다. 참고로 2004년 유영주(2004)가 개발한 척도는 가족원에 대한 존중, 유대의식, 감사와 애정, 긍정적인 의사소통, 가치관 목표공유, 역할 충실, 문제해결능력, 경제적 안정, 사회와의 유대의 10개 하위영역으로 구성되었다.

정영금 등(2011)은 가족관계, 자원관리, 외부관계/ 균형성의 영역을 측정하는 가정건강성 지표를 개발하였고, 이를 기준으로 소통하며, 자원을 가진 균형잡힌 가정, 소통형의 합리적인 가정, 소통형의 균형적인 가정, 합리적이고 균형적인 가정, 친밀하고 소통하지만 관리와 균형이 필요한 가정 등 8개 유형으로 가정을 분류하였다.

CHAPTER 14

가족상담 및 가족치료의 과정

학습목표

1. 가족상담의 초기 단계를 설명하고 이를 수행할 수 있다.
2. 가족상담의 중간 단계를 설명하고 이를 수행할 수 있다.
3. 가족상담의 종결 단계를 설명하고 이를 수행할 수 있다.

주요 용어

접수상담	상담과정의 구조화
상담의 종결	

1. 초기 단계

가족상담의 초기 단계는 상담이 시작되는 단계로 가족이 상담을 접수하고, 상담을 구조화하고, 가족과 상담자가 치료적 관계를 형성한 후, 가족문제를 명료화하는 등의 순서로 진행된다. 상담의 순서는 각 상담기법 등에 따라 다소 차이가 있을 수 있다.

1) 접수상담, 인테이크 상담

접수상담은 인테이크(Intake) 상담이라고도 하는데, 상담이 처음 시작되는 단계이다. 접수상담은 방문을 해서 면대면으로 하는 경우도 있고, 전화나 온라인을 활용하는 방식 등도 있다.

(1) 내담자 정보 수집

접수상담은 단순히 상담 일정을 잡는 것이 아니라 상담 그 자체의 시작으로 될 수 있으며 전문성을 가진 상담자가 상담을 접수하는 것이 좋다(최규련, 2012). 이는 접수상담은 단순히 일정을 잡는 것이 아니라 해당 상담센터에 적합한 사례인지, 그리고 상담을 어떤 식으로 진행하는지에 대해서 일정한 의사결정을 해야 하기 때문이다. 접수상담에서는 가족과 가족의 환경, 가족이 가진 증상, 그동안의 상담 경험 등에 대해서 자세하게 파악해야 하는데(김혜숙 외, 2012; 최규련, 2012; 최연실 외, 2020) 이 또한 훈련된 상담자가 진행하는 것이 좋은 이유이다. 접수상담에서는 위에서 언급한 내담자에 대한 정보 외에도 상담의 긴급성을 판단할 필요가 있다(김혜숙 외, 2012).

(2) 상담의 긴급성 판단

상담의 긴급성 판단을 통해 자살위험과 같은 급박한 위험이 있는지 등을 판단하여 긴급 상담을 진행하거나 관련 기관에 인계나 협조를 하는 등의 조치를 취할 수 있다.

(3) 상담센터 정보 제공

접수상담에서는 상담센터와 관련한 정보를 내담자에게 전달하는 것도 중요하다. 상담이 무료인지 유료인지, 상담센터의 위치는 어디인지, 상담센터에서 주로 하는 상담은 어떤 상담인지를 알려줄 필요가 있다(김혜숙 외, 2012).

(3) 상담 일정 약속

접수상담에서는 일정을 약속하는 것도 중요하다. 일정 약속은 약속시간과 장소를 정하는 것이지만, 가족상담의 경우 가족구성원 중 참여자를 파악하고 필요시 추가적인 참여를 요청 또는 격려할 수 있다(김혜숙 외, 2012; 최연실 외, 2020).

2) 치료관계의 형성

가족상담의 특징은 가족구성원으로 이루어진 가족체계가 상호작용하여 문제를 일으킨다는 점이다. 또한 가족상담은 어쩔 수 없이 가족의 비밀을 다루게 되는 경우도 많고, 가족구성원이 다른 가족들이 있는 곳에서 말을 하는 것을 어려워할 수도 있다. 가족상담자는 가족구성원이 가진 상담에서의 어려움이나 불편함을 해소하기 위하여 치료관계 형성에 주의를 기울여야 한다.

치료관계 형성과 관련해서는 일반상담의 기법에서도 많이 쓰이는 경청하기, 공감하기, 요약하기, 반영하기 등의 상담기법을 적절하게 사용하는 한편, 가족구성원을 수용하고 존중하여야 한다. 상담자로서 전문성을 가지고 내담자 가족을 격려해야 하며, 내담자가 상담을 지속할 수 있도록 동기 부여를 할 수 있어야 한다(김혜숙 외, 2012; 최규련, 2012; 최연실 외, 2020).

3) 상담과정의 구조화

상담의 구조화는 상담의 목표를 설정하고, 상담자의 역할과 내담자의 역할을 설정하는 것으로 상담의 기본 규칙과 진행방식 등에 상담자와 내담자가 합의를 하는 것이다.

(1) 구조화의 이유

상담과정을 구조화하는 이유는 상담의 진행에 대해서 상담자와 내담자가 서로 이해를 하고, 상담의 진행에 필요한 각종 합의를 진행해서 상담을 성공적으로 진행하기 위함이다. 상담의 목표가 처음에 제대로 수립되지 않는다면 내담자는 상담의 효과 여부를 파악하기 힘들고, 자신의 역할 등에 대해 제대로 파악하지 못할 것이다.

(2) 구조화의 내용

상담과정의 구조화 내용에는 상담의 형식과 관련된 부분과 상담자와 내담자의 역할을 포함한 규칙에 관한 부분, 그리고 비밀보장에 관한 부분 등이 있다.

먼저 상담의 형식과 관련해서는 상담의 횟수, 시간, 장소, 참여자, 비용 및 지불 방법 등에 관한 내용과 상담이 진행되는 절차나 방법 등에 관한 것으로, 구조화를 통해 내담자는 상담의 참여 과정 전반을 이해할 수 있다.

상담자와 내담자의 역할을 포함한 규칙에 관한 부분 또한 구조화가 필요한 부분이다. 상담자로서 지켜야 할 것과 내담자로서 지켜야 할 것 등에 관한 내용을 정하는 것인데, 상담이 원활히 진행될 수 있도록 내담자가 하지 말아야 할 방해행동 등이 포함된다.

비빌보장과 관련된 부분 또한 상담자와 내담자 가족이 서로 합의해야 하는 내용이다. 상담에서 나눈 내용 중 어느 정도를 다른 곳에서 이야기를 할 수 있는지를 설정하는 것이 필요하다(김혜숙 외, 2012; 최규련, 2012; 최연실 외, 2020).

(3) 구조화 수준

상담의 구조화 수준에는 정답이 없다. 그러나 너무 많은 것을 세세하게 정하면 일일이 다 기억하기도 어렵고 그 내용을 지키기도 어려울 뿐만 아니라 상담 분위기를 해칠 수 있다. 너무 낮은 수준으로 구조화를 진행한 경우에는 서로의 역할이나 행동 규칙을 잘 모르기 때문에 상담에 참여가 어렵거나 한 가족구성원이 다른 가족구성원을 압도하여 상담이 잘 진행되지 않는 경우가 생길 수 있다(최규련, 2012; 최연실 외, 2020).

4) 상담문제와 목표의 명료화

상담의 목표와 진행 방향을 제대로 수립하기 위해서는 가족이 가져온 문제가 무엇인지 파악을 하여야 한다. 초기의 가족문제 파악이 완전할 수는 없지만, 가족문제 해결을 위한 상담을 진행하기에 충분한 정도가 되어야 한다.

상담문제와 목표 설정을 위해서는 이전 장에서 다룬 가족사정의 결과를 활용할 필요가 있다. 가족상담에서 가장 기본적으로 사용되는 가족사정 질문도 상담기법마다 내용이나 방식이 차이가 있고, 각 가족상담이론에서 고유한 사정기법 또한 있다.

가족상담에서는 순환적 인과론 등으로 인해서 상담문제나 목표를 명료화하기가 개인상담에 비해서 어려울 수 있다. 가족상담자는 가족이 하는 말의 내용을 포함하여 가족의 자세나 표정, 의사소통 방식, 몸짓 등 다양한 것을 통해 가족의 문제를 사정하고 이를 해결하기 위한 목표를 명확히 해야 한다(김혜숙 외, 2012; 최규련, 2012; 최연실 외, 2020).

가족문제와 목표를 명료화하는 것은 상담센터가 상담을 계속 진행할 수 있을지, 종료하거나 타 기관에 의뢰할지를 결정하는 근거가 될 수도 있다(최규련, 2012).

2. 중간 단계

가족상담의 중간 단계에는 가족상담이 본격적으로 시작되어 상담자의 개입이 본격화하는 시기이다. 『가족상담 및 가족치료』 과목에서 상당히 많은 가족상담이론 및 그 이론의 치료방법에 대해서 배우는 이유는 상담 현장에서 어느 한 가지 방법만으로 상담의 중간 단계를 진행하는 것이 쉽지 않기 때문이다.

게다가 가족상담은 개인적인 수준과 가족 수준의 상담을 동시에 진행해야 할 수도 있다. 사티어의 경우에는 개인적인 수준에 보다 초점을 두었고 미누친의 경우 가족체계에 초점을 둔 것은(김혜숙, 2012 : 183) 가족의 문제를 해결하기 위해서는 개인적인 수준부터 가족체계 수준까지가 다 필요하기 때문이다. 가족상담자는 문제와 상황에 따라 여러 접근법을 유연하고 적절하게 사용할 수 있어야 한다.

1) 효과적 개입 지침

이희세 등(2017 : 85)은 가족상담자가 효과적 개입을 하기 위한 지침으로, 가족의 욕구에 초점을 맞출 것, 가족의 자율성을 존중할 것, 상담자에게 의존하거나 조장하는 것을 피할 것, 가족의 저항을 재사정할 것, 전문적인 거리를 유지할 것, 치료과정에 기대와 희망을 갖도록 할 것을 들었다. 이희세 등이 열거한 지침을 요약하자면 상담자가 가족의 문제를 모두 해결해 줄 것처럼 나서도 안 되며, 가족이 스스로 역량을 가지고 문제를 해결할 수 있도록 돕는 역할을 해야 한다는 것이다. 이 과정에 가족이 저항할 수도 있고, 가족상담에 대해서 부정적 의견을 가질 수도 있다. 가족상담자는 이러한 점을 이해하고 각 상황에 대해서 효과적으로 개입하여야 한다.

2) 상담기술의 활용

상담기술 혹은 상담기법, 치료기법은 가족을 변화시키는 기법이다. 앞서 각 이론에서 다루었던 치료기법이 모두 상담기술이 된다. 예를 들어, 이야기 가족상담을 진행한다면, 외재화/ 다시쓰기/ 회원재구성/ 정의예식/ 외부증인/ 독특한 결과 등의 기법을 활용할 수 있다.

이러한 이론 고유의 상담기법 외에도 상담에서 일반적으로 사용하는 기법 또한 가족상담 현장에서 활용한다. 대표적인 예가 경청하기, 질문하기, 조언하기, 갈등다루기, 칭찬하기, 직면하기, 긍정적으로 생각하기, 자기개방 등이다(최연실 외, 2020 : 335-346).

3) 가족상담 현장 진행의 문제

가족상담은 가족체계를 다루며, 한 명 이상의 가족구성원이 상담에 참여한다. 이 때문에 가족상담은 개인상담과는 달리 가족상담 및 집단상담 등에서 사용하는 기법도 사용하여야 한다.

상담 현장에서는 잘 참여하지 못하고 겉도는 참여자가 생길 수 있으며, 가족 간의 갈등이 상담 현장에서 첨예하게 나타날 수도 있다. 상담자는 가족구성원이 소외되지 않도록 주의를 기울이고, 가족 간의 의사소통을 회복시키는 것과 동시에 내용보다 과정에 집중해야 한다(최규련, 2012).

3. 종결 단계

가족상담은 어느 순간에 종료되어야 한다. 상담의 종결은 상담을 통한 가족의 변화를 확인하고 다지는 단계이다. 상담의 종결은 상담의 끝이지 가족변화의 종결을 의미하는 것은 아니다.

1) 가족상담의 종결 시기

일반적으로 가족상담의 종결 시기는 가족상담 시에 하는 상담구조화 및 상담계에 의해 정해져 있다. 그럼에도 불구하고 상담을 조기에 종결하거나 추가 회차 혹은 다음 상담을 해야 할 수도 있다. 가족상담자는 상담목표의 달성 정도, 즉 가족문제의 해결 및 가족구조의 변화 정도를 종합적으로 판단하여 가족상담 종결 시기를 결정할 수 있어야 한다(이희세 외, 2017; 최규련, 2012).

2) 가족상담의 종결과정

가족상담의 종결은 도입 단계, 변화확인 단계, 종결 단계, 추수면접 단계로 나뉜다(이희세 외, 2017; 최규련, 2012). 도입 단계는 종결을 알리면서 가족구성원들이 종결을 준비할 수 있도록 하는 단계이며, 변화확인 단계는 가족상담 중에 일어난 변화를 가족상담 전과 비교해서 확인하는 단계이다. 종결 단계는 종결이 변화의 시작임을 알리고 상담 이후에도 가족 변화를 위한 행동을 할 수 있도록 가족을 격려한다. 마지막으로 추수면접 단계는 종결 이후 일정한 간격을 두고 가족의 변화가 유지되는지를 확인하는 과정이다.

세분화된 종결 단계가 필요한 이유는 가족이 종결을 준비하고, 가족상담에서의 변화를 장기적으로 유지하거나 발전시키기 위한 작업이 필요하기 때문이다.

워든(Worden, 2003 : 337-341)은 종결과정에서 상담의 성과를 강화하기 위해서, 변화목록을 작성하여 그 변화에 대한 설명을 서로 나누고, 상담이 종결된 이후의 미래를 서로 나누며, 내담자로부터 상담과정에 대한 피드백을 듣고, 미래에 상담이 추가로 진행될 여지를 남기는 작업이 필요하다고 한다.

CHAPTER 15

가족치료의 윤리

학습목표

1. 가족상담자로서의 직업윤리를 설명할 수 있다.
2. 가족상담자가 지켜야 할 법률적 의무로서 비밀보장을 설명할 수 있다.

1. 가족상담 및 가족치료의 직업윤리

가족상담 현장에서 가족상담자는 가족과 치료관계를 형성하게 되고, 이는 가족이 상담자에게 신뢰를 가짐을 의미한다. 문제는 가족상담자가 상담윤리를 저버리고 이러한 가족의 신뢰를 잘못 이해하는 경우이다.

미국 부부 및 가족 치료학회[1]는 윤리강령(Code of Ethics)을 통하여 가족상담자의 윤리를 ① 내담자에 대한 책임, ② 비밀보장, ③ 직업적 능력과 품성, ④ 학생 및 상담수련생에 대한 책임, ⑤ 연구 및 출판, ⑥ 기술지원 전문서비스, ⑦ 직업적 평가, ⑧ 비용 합의, ⑨ 광고로 나누어 구성하고 있다.

이 중에서 내담자에 대한 책임, 비밀보장, 직업적 능력과 품성을 좀 더 자세히 살펴보고자 한다.

1) https://www.aamft.org/Legal_Ethics/Code_of_Ethics.aspx

1) 내담자에 대한 책임

내담자에 대한 책임으로는 내담자를 인종, 연령, 사회적 지위, 성별, 종교, 성적지향성 등에 따라 차별하지 말 것을 규정하고 있으며, 상담 및 절차에 대하여 사전에 동의를 얻고, 과거 및 내담자와 성적인 친밀감을 금하며, 치료관계를 남용하지 말고 내담자의 의사결정 자율성을 존중할 것 등을 규정하고 있다.

2) 비밀보장

상담자는 내담자의 비밀을 보장해야 하고 내담자의 정보를 공개할 때는 내담자의 정보 공개에 대한 서면 승인을 얻어야 하는 등 비밀보장의 의무를 지켜야 한다.

3) 직업적 능력과 품성

상담자는 가족상담과 관련한 전문 역량을 유지하고, 법적/ 윤리적/ 직업적 규준을 준수하며, 이해상충을 피하고, 내담자나 학생 등을 괴롭히지 않으며, 업무상 부정행위를 하지 말아야 한다.

2. 가족상담자가 지켜야 할 비밀보장에 관한 법률적 의무

가족상담자가 상담자가 지켜야 할 직업윤리 이외에도 직업적으로 어떠한 위치에 있는지에 따라 비밀보장에 관한 법률적 의무를 지켜야 할 수 있다.

1) 사회복지사로서의 비밀보장 준수의 의무

사회복지사는 사회복지사로서 비밀을 누설하지 말아야 할 의무가 있다. 사회복지사가 가족상담 업무를 맡았을 경우, 가족의 비밀에 접근하게 된다. 이 경우 사회복지사는 법률에 따라 비밀을 지켜야 한다.

> **사회복지사업법 제47조(비밀누설의 금지)** 사회복지사업 또는 사회복지업무에 종사하였거나 종사하고 있는 사람은 그 업무 수행 과정에서 알게 된 다른 사람의 비밀을 누설하여서는 아니 된다.

2) 가정폭력 상담 시의 비밀보장 준수의 의무

가정폭력 관련 상담소에 상담원으로 근무하게 되는 경우도 가정폭력범죄나 가정보호사건과 관련해서 직무상 알게 된 비밀을 누설해서는 안 된다.

> **가정폭력범죄의 처벌 등에 관한 특례법 제18조(비밀엄수 등의 의무)** ① 가정폭력범죄의 수사 또는 가정보호사건의 조사 · 심리 및 그 집행을 담당하거나 이에 관여하는 공무원, 보조인, 상담소 등에 근무하는 상담원과 그 기관장 및 제4조 제2항 제1호에 규정된 사람(그 직에 있었던 사람을 포함한다)은 그 직무상 알게 된 비밀을 누설하여서는 아니 된다.

3) 청소년복지지원법상 비밀보장 의무

청소년상담복지센터 등에 근무하는 가족상담자의 경우에는 청소년복지지원법 제37조에 따라 비밀누설을 하지 말아야 할 법률적 의무를 진다.

> **청소년복지지원법 제37조(비밀 누설의 금지)** 청소년상담원, 청소년상담복지센터, 이주배경청소년지원센터(이하 "청소년복지지원기관"이라 한다)나 청소년복지시설에서 청소년복지 업무에 종사하거나 종사하였던 사람은 그 직무상 알게 된 비밀을 누설하여서는 아니 된다.

참고문헌

강봉규(2017). 개정판 심리검사의 이론과 기법. 동문사.

김기태(1975). "가족치료에 관한 케이스워어크 접근방법." 법학연구 17.1: 253-274.

김영애(2020). 사티어 경험주의 가족치료: 이론과 실제 개정3판. 김영애가족치료연구소.

김용태(2009). 가족상담: 가족치료의 개념적, 철학적 변화. 상담학연구, 10(2), 1201-1215.

김유숙(2005). 가족 상담:사회구성주의 관점의 가족치료 특성과 언어 활용. 상담학연구, 6(4), 1369-1381.

김유숙, 전영주, 김요완(2017). 가족평가. 학지사.

김정혜 외(2019). 2019년 가정폭력실태조사 연구. 여성가족부.

김정희(2014). 스토리텔링이란 무엇인가. 커뮤니케이션북스.

김지영, 박선영(2020). 가족상담 및 가족치료 -부부·가족상담의 이론과 실제- 개정판. 양성원.

김헌수, 김태호(2006). 상담의 이론과 실제. 태영출판사.

김혜숙, 박주현, 이영주, 임상록(2012). 가족상담 및 치료. 서울:신정.

박해용, 심옥숙(2013). 다시 읽는 서양철학사: 지혜를 사랑한 불멸의 철학자를 만나다. 이담북스.

서혜석(2005). 자아존중감 및 부부적응 향상을 위한 가정폭력행위자의 부부집단 프로그램 효과성 연구 - 5. Satir 성장모델 이론을 중심으로 -. 한국가족복지학, 10(1), 25-41.

송혜림, 성미애, 진미정, 이승미(2005).건강가정 개념에 대한 논의. 한국가정관리학회지, 23(6), 179-190.

안향림(1975). "가족치료를 통한 가족역동에 관한 연구." 국내석사학위논문 이화여자대학교 대학원.

어은주, 유영주(1997). 한국 도시가족의 건강성 및 관련변인 연구 - 자녀 교육기 가족의 주부를 대상으로 -. 한국가정관리학회지, 15(4), 269-285.

유영주, 이인수, 김순기, 최희진(2013). 한국형 가족건강성척도 Ⅱ(KFSS-Ⅱ) 개발 연구.

유영주(2004). 가족강화를 위한 한국형 가족건강성 척도 개발 연구. 한국가족관계학회지, 9(2), 119-151.한국가정관리학회지, 31(4). 113-129.

육혜련(2015). 사티어 의사소통 훈련 프로그램이 대학생 의사소통의 일치성과 자아존중감 향상에 미치는 효과. 임상사회사업연구, 12(1), 1-23.

이광규(1996). 현대 한국가족의 이해. 서울대학교 출판부.

이명홍(1986). "우리나라 가족치료 현황과 임상샤례를 통해 본 가족치료 모델 활용에 관한 연구." 한국문화연구원 논총49: 201-232.

이숙희(1973). “정신신경증집단의 문제성과 그 가족원의 상관성(가족치료의 필요성)”. 사회사업. 이화여자대학교 사회사업학과. 8:33-75.

이우영(2014).포스트 모더니즘적 이야기 치료에 관하여. 연세상담코칭연구, 1, 257-264.

이유상 · 권준수(2011). 조현병, 정신분열병의 새로운 명칭 탄생. 신경정신의학, 50(1), 16-19.

이정숙. “가족치료의 발달에 미치는 정신분열증의 영향.” 논문집 7.- (1976): 37-53.

이희세, 백선아, 임은희(2017). 가족치료 및 상담. 공동체.

정문자, 송성자, 이영분, 김유순, 김은영, 어주경(2006). 해결중심 가족치료 사례집. 학지사.

정문자, 정혜정, 이선혜, 전영주(2018). 가족치료이 이해 3판. 학지사.

정영금, 박정윤, 송혜림(2011).가정건강성 평가도구 개발에 관한 연구. 한국가족자원경영학회지 ,15(1),177-197.

제석봉, 김춘경, 천성문, 이영순, 김미애, 이지민(2014). 가족치료. 정민사.

조태구(2022). 코로나19와 가정폭력 - 사랑을 위한 적절한 거리 -. 인문학연구, 63(0), 699-725.

조희금, 김경신, 정민자, 송혜림, 이승미, 성미애, 이현아(2013). 건강가정론 3판, 신정.

조희금, 박미석(2004).건강가정기본법의 이념과 체계. 한국가정관리학회지, 22(5), 331-344.

초의수(2008). 한국 가족정책의 재평가 - 최근 한국가족 변화 경향과의 관련성을 중심으로. 젠더와 사회, 19, 163-210.

최규련(2012). 가족상담 및 치료. 공동체.

최민수(2013). 미셸 푸코에서 마이클 화이트까지: 이야기치료의 담론에 관한 미셸 푸코의 영향과 평가. 한국기독교상담학회지, 24(3), 239-262.

최연실, 기쁘다, 성미애(2020). 가족상담 및 치료. 서울:한국방송통신대학교출판문화원.

통계청 보도자료. 2020. 11. 17. 통계로 본 농업의 구조 변화.

통계청 보도자료. 2021. 07. 29. 2020년 인구주택총조사 결과.

황선정, 조성호(2011). 인간 이해와 심리치료에 대한 구성주의적 접근. 인간연구, (21), 141-184.

Babbi, Earl(2013). The Practice of Social Research, 13th edition. Wadsworth. 고성호 외 역(2013). 사회조사방법론 -제13판-. 센게이지러닝코리아(주).

Bateson, G., Jackson, D. D., Haley, J., & Weakland, J.(1956). Toward a theory of schizophrenia. Behavioral Science, 1(4), 251-264.

Becvar, Doroth Stroh, & Becvar, Raphael J.(2013). Family Therapy: A Systemic Integration, 8th edition. Pearson Education. 정혜정 외 역(2016). 가족치료 : 체계이론적 통합, 제8판. 시그마프레스.

Berg, I. K., & Miller, S. D. (1992). Working with the problem drinker: A solution-focused approach. W. W. Norton & Company. 가족치료연구모임 역(1995). 해결중심적 단기가족치료. 하나의학사.

Clark, Arthur J.(1998). Defense Mechanisms in the Counseling Process. Sage. 김영애 외 역(2005).

방어기제를 다루는 상담기법. 김영애가족치료연구소.

Corey, Gerald(2009). Theory and Practice of Counseling and Psychotherapy, 8th edition. Cengage Learning. 조현춘 외 역(2012). 심리상담과 치료의 이론과 실제. 센게이지러닝코리아.

Deacon, Ruth E. & Firebaugh, Francille M.(1988). Family Resource Management: Principle and Applications 2nd edition. Allyn and Bacon.

Diane Gehart(2014). Mastering Competencies in Family Therapy 2nd edition. Cengage learning. 이동훈 외 역(2021). 가족상담 및 심리치료 사례개념화 -이론 및 임상사례 기반의 실제적 접근-. 서울 : 학지사.

Dryden, Windy(2009). Rational Emotive Behavior Therapy: Distinctive Features. Taylor & Francis. 유성진 역(2016). 합리적 정서행동치료. 학지사.

Ellis, Albert(1962). Reason and Emotion in Psychotherapy. Lyle Stuart.

Ellis, A. & Maclaren C.(2005). Rational Emotive Behavior Therapy: A Therapist's Guide 2nd. Impact Publishers. 서수균 · 김윤희 역(2007). 합리적 정서행동 치료. 학지사.

Fairbairn, W. R. D.(1963). Synopsis of an object-relations theory of the personality. The International Journal of Psychoanalysis, 44(2), 224-225.

Goldenberg, Irene, & Goldenberg, Herbert(2000). Family Therapy: An Overview 5th edition. CA:Wadsworth.

Griffin, William. A., & Greene, Shannon M.(1999). Models of Family Theory -: The Essential Guide. talor & Francis. 한국가족상담치료연구회 역(2001). 가족치료 모델 -핵심가이드-. 하우.

Haley, J.(1976). Problem-Solving Therapy. Jossey-Bass Publishers. 이근후 · 김영화 역(1991). 증상해결 중심치료 -저항을 활용한 가족 · 부부치료-. 서울 : 하나의학사.

Haley, J.(1984). Ordeal Therapy: Unusual Ways to Change Behavior. Jossey-Bass Publishers, inc.

Hamilton, N. Gregory(1990). Object Relations Theory in Practice. Jason Aronson. 김진숙, 김창대, 이지연 역(2007). 대상관계 이론과 실제 : 자기와 타자. 학지사.

Hartman A. Diagrammatic Assessment of Family Relationships. Social Casework. 1978; 59(8) : 465-476.

Kerr, Michael E. & Bowen, Murray(1988). Family Evaluation. Norton & Company. 남순현, 전영주, 황영훈 역(2005). 보웬의 가족치료이론. 학지사.

Korzybski, Alfred(1933). Science and Sanity -an introduction to non-aristotelian systems and general semantics. The Science Press Printing Company.

McGoldrick, M., Gerson, M., & Petry, S.(2008). Genogram, third edition. Norton & Company. 이영분, 김유숙, 정혜정, 최선령, 박주은 역(2011). 가계도 : 사정과 개입. 학지사.

McGoldrick, M., Gerson, M.(1985). Genograms in Family Assessment. W.W.Norton & Compay.

Madanes, C. (1981). Strategic family therapy. Jossey-Bass.

Micael P. Nichols(1999/2006). 가족치료 현장으로의 초대. 김영애 역. (주)시마그프레스.

Minuchin, Salvador, & Fishman, Charles(1981). Family Therapy Techniques. Havard University Press. 조은숙, 이화자, 이인수, 신혜종 역(2017). 구조적 가족치료의 기술. 하나의학사.

Minuchin, Salvador, & Nichols, Michael P.(1993). 오제은 역(2013). 미누친의 구조적 가족치료 가족치유. 학지사.

Murdock, G. P.(1949). Social Structure. New York: The Macmillan Company.

Miltenberger, Raymond G.(2001). Behavior Modification: Principles and Procedures 2nd edition. Thomson Learning. 안병환, 윤치연, 이영순, 이효신, 천성문(2002). 행동수정. 시그마프레스.

Nichols, Michael P., & Schwartz, Richard C.(2007). The Essentials of Family Therapy, 3/3, Pearson Education. 김영애 외 역(2007). 가족치료. 시그마프레스, 2007.

NIchols, Michael P., & Davis, Sean D.(2017). Family Therapy: Concepts and Methods, 11th edition, Pearson Education, 김영애 역(2017). 가족치료 개념과 방법, 시그마프레스, 2017.

O'Hanlon, Bill(1999). Do One Thing Different. HarperCollins Publishers. 김보미 역(2015). 해결중심치료로 상처 치유하기. 소울메이트. 원앤원콘텐츠그룹.

Olson, D.H., Waldvogel, L. and Schlieff, M. (2019), Circumplex Model of Marital and Family Systems: An Update. Journal of Family Theory and Review, 11, 199-211

Reiter, Michael. D.(2018) Family Therapy : An Introduction to Process, Practice, and Theory. Taylor & Francis. 정혜정 역(2021). 가족치료의 길잡이. 학지사.

Selvini Palazzoli, M., Boscolo, L., Cecchin G., & Prata, G.(1978). Paradox and counterparadox. Jason Aronson.

Thomson, Rosemary A.(2003). Counseling Techniques. Taylor & Francis. 김춘경 역(2007). 상담기법. 학지사.

Virginia Satir(1991). The Satir Model-Family Therapy and Beyond. 김영애 역(2000). 사티어 모델 : 가족치료의 지평을 넘어서. 김영애가족치료연구소.

von Bertalanffy, Ludwig(1969). General System Theory. George Braziller.

Watzlawick, P., Weakland, J. H., & Fisch, R.(1974). Change: Principles of problem formation and problem resolution. W. W. Norton.

Watzlawick, P., Bavelas, J.B. and Jackson, D.D.(1967). Pragmatics of Human Communication, A Study of Interactional Patterns, Pathologies, and Paradoxes. WW Norton & Company.

White, Michael(2007). Maps of Narrative Practice. W. W. Norton & Company. 이선혜, 정슬기, 허남순 역(2010). 이야기치료의 지도. 학지사.

White, Michael & Epson, David(1990). Narrative Means to Therapeutic Ends. W. W. Norton & Company.

Wiener, N.(1948). CYBERNETICS. Scientific American, 179(5), 14-19.

Williams, L., Edwards, T. M., Patterson, J., & Chamow, L.(2011). Essential Assessment Skills for Couple and Family Therapists. Guilford Press. 최연실, 조은숙 역(2019). 부부·가족치료자를 위한 필수 사정기술. 하나의학사.

Worden, Mark(2003). Family Therapy Basics, 3rd edition. Thomson Learning. 신혜종, 정수경 역(2007). 가족치료 단계별 접근. 시그마프레스.

Wynne, L. C., Ryckoff, I. M., Day, J., & Hirsch, S. I. (1958). Pseudo-mutuality in the family relations of schizophrenics. Psychiatry, 21(2), 205-220.

찾아보기

저/자/소/개

■ **기은광**
서정대학교 사회복지상담과 부교수
(전) LG전자 책임연구원

서울대학교 소비자아동학과 학사
서울대학교 대학원 소비자학과 석사/박사

【제2판】
가족상담 및 가족치료

|**저자**| 기은광

|**1판 1쇄**| 발행 2022년 8월 25일
|**1판 3쇄**| 발행 2024년 8월 30일
|**2판 1쇄**| 발행 2025년 2월 28일
|**2판 2쇄**| 발행 2025년 9월 5일

|**발행인**| 김동훈
|**발행처**| **공동체**

|**주소**| 경기도 고양시 일산동구 호수로 358-39, 동문타워 1차 905호(백석동)
|**전화**| 031)814-3000(대표)
|**팩스**| 031)814-3100
|**홈페이지**| http://www.compub.co.kr
|**전자우편**| compub@naver.com
|**출판등록**| 2005년 10월 6일
|**등록번호**| 제396-2005-36호

|**ISBN**| 979-11-6725-888-5
정가 20,000원(별책 포함)